LINJIEQUAN GUISULUN

邻接权归宿论

刘洁 著

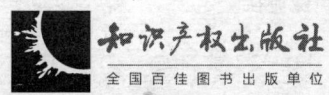

责任编辑：刘 睿 罗 慧　　　　　责任校对：韩秀天
特约编辑：姜 颖　　　　　　　　　责任出版：卢运霞

图书在版编目（CIP）数据

邻接权归宿论／刘洁著 . —北京：知识产权出版社，2013.5
ISBN 978 – 7 – 5130 – 2048 – 0

Ⅰ . ①邻… Ⅱ . ①刘… Ⅲ . ①著作权 – 研究 Ⅳ . ①D913.04

中国版本图书馆 CIP 数据核字（2013）第 094122 号

邻接权归宿论
刘 洁 著

出版发行：	知识产权出版社			
社　　址：	北京市海淀区马甸南村1号	邮　编：	100088	
网　　址：	http：//www.ipph.cn	邮　箱：	bjb@cnipr.com	
发行电话：	010 – 82000860 转 8101/8102	传　真：	010 – 82005070/82000893	
责编电话：	010 – 82000860 转 8113	责编邮箱：	liurui@cnipr.com	
印　　刷：	知识产权出版社电子制印中心	经　销：	新华书店及相关销售网点	
开　　本：	720mm×960mm　1/16	印　张：	16.5	
版　　次：	2013年8月第一版	印　次：	2013年8月第一次印刷	
字　　数：	200千字	定　价：	40.00元	
ISBN 978 – 7 – 5130 – 2048 – 0				

出版权专有　侵权必究
如有印装质量问题，本社负责调换。

摘　　要

邻接权概念是作者权体系国家的特有概念，但与作者权体系立法一贯遵循的严谨作风不同的是，邻接权概念没有体现出应有的逻辑性。如果按照法律文字的表述来适用的话，凡是和著作权相关的权益都可采用邻接权进行保护，邻接权制度逐渐在许多国家发展成为对不具有独创性、无法成为作品但又与著作权相关的利益进行保护的兜底性制度。邻接权理论上的匮乏与立法中的扩张之势，势必造成著作权法律体系的混乱。探究邻接权本质是否可以识别、是否符合著作权制度的价值体系，是本书选题的初衷。

从邻接权概念产生到今天，各国立法、国际公约以及各国的法学家对邻接权的认识依然存在巨大的差异，甚至在作者权体系国家与版权体系国家存在概念有无的差别。但是从权利保护的内容来看，两大体系的差别正在日渐缩小。在作者权体系立法中，由于固守严格的作品构成要件，邻接权的对象因不具备作品构成条件而成为异于作品的独立的权利保护对象。这种障碍在版权体系国家并不存在，对于作者权体系国家采用邻接权进行保护的对象，版权体系国家则通过将其认定为作品或者以其他方式进行保护。各国在邻接权立法体例上的复杂化与国际公约在保护内容上的趋同化，预示着研究邻接权制度本身无法揭示出自身的本质，而是必须追溯到邻接权概念产生之初。邻接权概念跻身于著作权制度中，其中蕴含着怎样的机缘？

一方面，随着技术的发展，在著作权制度中，新的与作品相关的利益主体欲跻身而入，邻接权的权利主体不断扩张，同时传统邻接权主体也在奋力抗争，为维护自己的利益不断扩大权利保护的范围；另一方面，邻接权自身的正当性都未能证明。这样的情形之下，邻接权总是面临着被质疑，同时又一再地提醒研究者：邻接权的扩张趋势绝不是仅仅与著作权相关就能做到的！从录音制品开始，邻接权的重大发展总是伴随着新技术产生带来的利益斗争与调和。这很容易遮蔽人们对邻接权本质的认识——论者常常将新技术带来的新经济形态的发展需要作为考虑扩张邻接权的主要因素，而忽略了邻接权与著作权之间的逻辑关系研究。在制度设计的过程中，如果盲目地规定本无必要规定的"新权利类型"，或者赋予权利人本无必要的权利，就有可能在制度层面形成与经济基础的要求不适应的因素，进而反过来会影响产业的发展。因而邻接权的产生虽源自利益分配的需要，但是邻接权主体的利益保护需求如何能升格为绝对的财产权利；同样处于传播者行列的出版者为何被排除在权利主体之外，只能享有专有出版权这种独占性债权；邻接权的这种设权保护是否合理，其中权利确认的正当性是值得思考的。邻接权与著作权权利对象属性的分析比对为邻接权权利正当性的确认提供了依据，更是为邻接权找到了权利的归属。

本书论证的前提是不否认邻接权制度的利益分配的工具属性，也并不否认在作品传播过程中对投资主体的利益保护。但是邻接权利益分配的工具性是其作为财产权所具有的共性，未能突出邻接权本身的特质。本书的论证是为邻接权寻找真正的权利归属，为邻接权制度寻求权利的正当性依据。采用邻接权来保护的利益是需要建立在与著作权体系相同的正当性基础上的。体系化思维的运用引导本书结论的方向。

本书共分为七章，综合运用历史分析法、比较分析法以及逻辑推理与论辩推理分析相结合的方法，将研究邻接权的视角引向著作权价值取向下的权利归属。

首先，对邻接权的产生和发展轨迹作介绍，邻接权主体的权利产生于著作权扩张的过程中，伴随着著作权权利内容的扩增。邻接权的出现正是各国处于技术发展下带动经济迅猛增长的时期，利益的争夺掩盖了邻接权的本质，权利正当性探讨的缺失，使邻接权进入著作权制度之后始终未能稳固立足。在邻接权发展的过程中，旨在统一保护标准的国际公约的推动作用非常明显，这也是受世界经济发展一体化趋势的影响所致。通过邻接权国际公约的内容阐述推衍出邻接权的内容不断增加的轨迹，国际公约对各国邻接权国内立法的影响可见一斑。无论基于怎样的原因，各国对邻接权保护的对象有了统一的发展趋势，这一现象表明各国对邻接权立法体例的不同并不代表各国邻接权保护对象在性质上截然对立，不可调和。

其次，针对邻接权问题在作者权体系国家与版权体系国家的不同处理方式，对版权理念产生和发展的历史进行追踪，探究版权得以确立的正当理念，以及版权理念在版权发展过程中发生的转折。版权的产生和发展过程中，同样隐藏着利益团体的斡旋和操作，但是版权的正当性论证使得作者在与出版商利益抗衡的对弈中确立了其在版权制度中稳固的主体地位。据此得出的结论是，邻接权在著作权制度中的正当性论证也是不容忽视的步骤。经济发展的需要，国家间贸易的繁荣，同样的国际立法历程在著作权领域出现，国际立法统一的趋势扰乱了各国国内立法坚持的原则，作者权体系与版权体系的差别缩小，这反映了两大体系在著作权制度价值取向上的趋同。

最后，论证的视角转向著作权制度的价值取向。从权利的本原进行论证，权利自身对价值的追求决定了私法中的权利是经过价值判断的正当利益。在版权的产生过程中曾深受法律哲学理念的影响，这也是版权体系与作者权体系分野的重要原因。然而随着法律哲学理念的不断演进，曾经对立的自然主义哲学和功利主义哲学两大阵营已经出现融合，在著作权立法中单一地坚持自然主义或功利主义的哲学导向，都会使立法的价值取向发生偏离。版权体系与作者权体系融合下的价值取向走向了回归鼓励知识创造，增进公共利益的原点，以应对两大体系共同面临的著作权制度的基本矛盾。

邻接权产生过程中的理论基础和现有以揭示邻接权本质为目的的学说未能有效地阐明邻接权的权利归属。从法律关系的构成来看，邻接权与著作权在主体、内容上存在相互混淆的关系，方法最终回归到关注两者权利对象的属性。著作权的对象是作品，其根本属性在于独创性的表达。在对邻接权概念的基本范畴进行分析之后，邻接权对象与著作权对象具有共同的上位概念，即表达。但是在现有邻接权保护对象中既存在独创性表达，也存在非独创性表达。在体系化思维下，对于邻接权对象属性的界定，应确定为独创性的表达，以保证著作权体系内对象属性的统一，这也是著作权体系下价值判断的结果。在这样的情形下，传统邻接权的概念分崩离析，新的邻接权对象属性重新确定。

在新的邻接权对象属性确定之后，邻接权的设权保护要求权利的确认有一个相对确定的标准。邻接权的确认本着内在制约和外在限制的机理，在权利范畴上具有相对稳定性，不再是保护不构成作品的对象利益的兜底性制度。本书建议在立法中将享有邻接权的对象参照作品的立法模式以明示的方式列举。在确认邻接权的标准建立以后，对现有邻接权范畴进行检讨，以甄别不应介入邻接权范围进行保护的权益。为了应对邻接权扩张之势，对欲加入邻接权的权益作出判断，属于邻接权人应有之权利应予以确认，但如果仅存在利益保护需要而不具备邻接权构成要件的权益则应当坚决地拒绝。对这样的利益应当保护，但是要采用恰当的模式。

Abstract

Being a unique concept in the author's right system, the concept of neighboring rights does not reflect the logic, which is different from the strict style of legislation of author's right system. If applied according to legal text expression, interests related to copyright could be seen as neighboring rights and get legal protection. Neighboring rights system gradually have become the one to protect interests in the objects which have no originality and thus cannot be works but relate with copyright in many countries. The lack of theory and potential expansion of legislation of neighboring rights will inevitably lead to confusion in the legal system of copyright. Exploring whether the essence of neighboring rights can be identified, and whether it conforms to the value of copyright system is the intention of this dissertation.

During the historical development of the concept of neighboring rights, huge differences still exist in national legislation, international conventions and the understanding of national jurists. Even as to the question of whether the concept of neighboring rights do exist or not, the author's right system and copyright system have different answer on it. But as to the protection content of the rights, the gap between the two systems has increasingly narrowed. In author's rights system, because of the strict adherence to certain constitutive requirements, constructive, the object of neighboring rights which does not satisfy these requirements become an independent object with rights protection. This obstacle does not exist in those countries with the copyright system. Objects which obtain neighboring right in author' rights system countries are protected by identified as works or through other ways in copyright system countries. The complication in legislation of different countries and the convergence in international conventions on protection content, indicate that the system itself can not reveal its own nature. We must trace back from the origin of the neighboring rights. When neighboring rights come into the copyright system, what kind of opportunity will we have?

On the one hand, with the development of new technology, new stakeholders associated with the work enter into the scope of legal protection. So that the range of subjects enjoying neighboring rights is expansion. Meanwhile the traditional subjects in neighboring rights are struggling to resist and safeguard their own interests, continually expanding the rights protection range. On the other hand, neighboring rights fails to prove its legitimacy. Under such circumstances, neighboring rights has been constantly questioned. But at the same time it also repeatedly reminds us that its expansion trend should not be related to copyright.

Beginning with the object of recordings, the major development of neighboring rights is always accompanied by the benefits reconcilability brought by new technologies. It's easy to mask people's awareness on neighboring rights system. Scholars often hold the view that only new economic trend brought from technology development trend should be considered as new elements of neighboring rights. But this view ignores the logical relationship between neighboring rights and copyright. In the process of system designing, if we make provisions of "new types of right" which is unnecessary, it is possible to form factors unfit the economic basis, which in turn will affect the industry development. Although neighboring rights was generated from the need of interests' distribution, how can it become to be an absolute property right? As being in the same rank of publisher, why the communicators can only enjoy the exclusive right as exclusive creditor's right? We need to think that whether the protection setting as neighboring rights is reasonable, and whether there exist the legitimacy of confirming such right. The analysis and comparison between neighboring rights and copyright provides the basis for legitimacy of neighboring right, and help to find the essential attribute of neighboring rights.

The prerequisite of this dissertation is admitting that the tool characteristic of neighboring rights system on interest distribution, and not denying interest protection for investors in the process of works communication. The tool characteristic on benift distribution is common of property right, which has failed to highlight the characteristic of neighboring rights itself. This dissertation is looking for the real destination for neighboring rights, and the legitimacy of its system. The legitimacy of using neighboring rights to protect the interests need to be built on the same basis as copyright system. The way of systematic thinking leads to the direction of this conclusion.

This dissertation is divided into five chapters. The comprehensive use of historical analysis, comparative analysis and the analysis of logical reasoning will lead the neighboring right to the orientation of the right of copyright ownership.

This dissertation first introduces the emergence and development track of neighboring right. Neighboring rights emerged in process of expansion of copyright, including the content expansion of copyright.

The emergence of neighboring rights was in the period when the technology development was driving rapid economic growth in various countries. Competing interests of the rights conceal the nature of neighboring rights. Being lack of the legitimacy, neighboring rights has failed to secure foothold in the copyright system. In the process of neighboring rights development, the international conventions promoting role of Convention for the purpose of unifying international standard of protection play an obvious promoting role, which is affected by the integration trend in economic development. Whatever reasons, there is a trend for integration on the protection objects of neighboring rights in various contrives. This phenomenon shows that different legislation styles of neighboring rights in various countries do not mean that the nature of protection object in neighboring right is diametrically irreconcilable.

Secondly, as to the different treatments for neighboring rights in the author's right system and the copyright system, we should track back the emergence of the copyright concept and its development history and explore how the legitimate concept of copyright established and how is transformed during the development process. In the process of copyright's emergence and development, operations and mediations from interest groups also existed. But the justification argument of copyright enabled authors to establish a strong dominant position in countering publishers to compete in the interests of the copyright system. Accordingly the conclusion is drawn that the legitimacy argument for neighboring rights in the copyright system is an indispensable step not to be neglected. Because of the needs of economic development and the prosperity of trade between countries, the same process of international legislation has occurred in the copyright field. The unified trend of international legislation broke the principle of domestic legislation in various countries. The differences between the author's right system and copyright system have been narrowed, which reflect that the orientation of value of the two systems is in convergence.

Then, the perspective turns to the value orientation of the copyright system. Arguing from the right origin, pursue for the value of the right determines the right must be legitimate interest through value judgment by private law. The copyright development process had been deeply influenced by philosophy, which is also the important reason why the copyright system and the author's right system are separated. However, following the continuous evolution of philosophy, the two big camps of naturalism philosophy and utilitarian philosophy which once were opposed against each other have emerged the trend of integration. If we insist of naturalism philosophy or utilitarian philosophy alone in legislation, the legislative value orientation would have deviation. In the integration of the two systems, the copyright system values return to the origin, which create and promote knowledge and encourage the public interests, dealing with the basic contradiction the two systems face together.

In the process of neighboring rights' emergence, some basic theories and concepts in order to reveal the essence doctrine of neighboring rights have failed to expound the rights of ownership effectively. Judging from the constitution of legal relationship, there is confusion in the subject and the content between neighboring rights and copyright. Eventually we should return to pay attention to the attribute of both right objects. The copyright's object is work, whose basic attribute lies in the original expression. Through analyzing the basic categories of neighboring rights, we find the attribute of neighboring rights' objects is expression which is the common superior concept to the object of copyright. However, the protection of neighboring rights objects exists in both original expression and non – original expression. In the systemization thinking, the neighboring rights object properties should be defined as the originality expression which is the result of value judgment in order to ensure the unity of the object properties within the copyright system. Under such situation, the traditional neighboring rights' concept is disintegrated and the new neighboring rights' object is redefined.

After the characteristic of new neighboring rights' object is determined, the neighboring rights protection requires that its confirmation should have a relatively defined criteria. Recognized the internal constraints and external constraints in line with the mechanism, neighboring rights have relative stability in the category of object, and it is no longer the fallback of the system for the non – original expression. This dissertation proposes that the object enjoying neighboring rights should be expressed in a set pattern in legislation, which is relevant to the legislative model for works. After the confirmation standards for neighboring rights were established, we should carry on the self – criticism to its existing category, and screen the interests which should not be involved in neighboring rights to protect. In response to deal with the potential expansion of neighboring rights, we should judge the rights and interests which want to join into neighboring rights. Right belongs to neighboring rights' subject should be recognized. If there only exist interests in need of protection, and isn't provided with constitution of neighboring rights, the interests shall be thoroughly rejected. For such interests should be protected, but should be in a different and appropriate mode.

目　　录

第一章　绪论……………………………………………………（1）
　第一节　问题的提出……………………………………………（1）
　第二节　本书相关文献梳理……………………………………（6）
　第三节　本书的研究方法………………………………………（9）
　　一、逻辑推理与论辩推理分析法结合…………………………（9）
　　二、历史分析法…………………………………………………（10）
　　三、比较研究法…………………………………………………（10）
　第四节　本书的论证思路………………………………………（11）
第二章　邻接权产生和发展轨迹………………………………（14）
　第一节　邻接权产生于著作权扩张的过程中…………………（14）
　第二节　邻接权保护立法体例的不同模式……………………（21）
　第三节　国际公约对邻接权发展的推动作用…………………（25）
　　一、邻接权国际公约的演进……………………………………（25）
　　二、国际公约对邻接权国内立法的影响………………………（41）
　第四节　本章小结………………………………………………（57）
第三章　历史的推衍：版权理念产生和发展史启示……（60）
　第一节　在现代版权理念产生的历史甬道中…………………（60）
　　一、版权的前身以印刷特权形式出现…………………………（61）
　　二、"copy right"的出现………………………………………（65）
　　三、文学产权正当性论争………………………………………（68）

四、现代版权理念产生的标志 …………………… （72）
　第二节　版权扩张的历程 …………………………… （76）
　　一、版权从传统复制权延伸到公开表演权 ………… （76）
　　二、版权保护超越国家界限 ………………………… （77）
　　三、法律移植和法律文化 …………………………… （80）
　第三节　本章小结 …………………………………… （87）

第四章　视角转向：著作权制度的价值取向 …………… （89）
　第一节　权利制度中的价值贯穿 …………………… （89）
　　一、权利的本质内涵 ………………………………… （89）
　　二、权利自身的价值追求 …………………………… （93）
　第二节　法哲学转向对私法理念的影响 …………… （97）
　　一、西方社会的法哲学转向 ………………………… （97）
　　二、财产权理念的变迁——以美国为例 ………… （101）
　第三节　版权体系与作者权体系相融合的价值
　　　　　取向 ……………………………………… （106）
　　一、著作权制度中的基本矛盾 …………………… （106）
　　二、著作权价值取向回归原点：鼓励知识创造和
　　　　增进公共利益并重 ……………………………… （110）
　第四节　本章小结 ………………………………… （116）

第五章　邻接权本质追问 …………………………………… （119）
　第一节　现有本质认识论批判 …………………… （120）
　　一、邻接权产生的理论"救援" …………………… （120）
　　二、现有邻接权本质认识相关观点 ……………… （125）
　第二节　邻接权与著作权关系论辩 ……………… （130）
　第三节　方法的回归：关注权利对象本体 ……… （136）
　　一、著作权的权利对象属性分析 ………………… （138）

二、邻接权基本范畴分论 …………………………… (162)
　　三、体系化思维下邻接权权利对象属性确立 ……… (181)
　第四节　本章小结 ……………………………………… (185)
第六章　我国现有邻接权范畴之甄别 ……………………… (187)
　第一节　我国邻接权范畴混淆之根源：独创性标准的
　　　　　不统一 ……………………………………… (187)
　第二节　邻接权的权利确认机理 ……………………… (192)
　　一、邻接权权利确认的内在制约 …………………… (193)
　　二、邻接权权利确认的外在限制 …………………… (195)
　第三节　我国现有邻接权范畴之检讨 ………………… (200)
　　一、版式设计权 ……………………………………… (201)
　　二、数据库的保护 …………………………………… (204)
　第四节　应对邻接权扩张之趋势 ……………………… (210)
　　一、邻接权主体扩张 ………………………………… (210)
　　二、邻接权权利内容甄别 …………………………… (215)
　第五节　本章小结 ……………………………………… (220)
第七章　结语 ………………………………………………… (223)
参考文献 ……………………………………………………… (229)
后记 …………………………………………………………… (240)

第一章 绪 论

第一节 问题的提出

本书论述的主旨是在著作权价值体系下对邻接权的归属进行系统研究。

"法律概念与法律体系的探讨至少有下述意义：在一个比较后进的法律社会，通常具备一种特征，倾向于以比较纯逻辑，或比较拘泥于法律文字的方式了解法律、适用法律，以致常常受制于恶法。当基于该认知而试图容许引用较富弹性之标准或一般条款来避免被法律概念所僵化的法律之恶时，却又发现该容许很容易流于个人的专断。其结果，许多法律规定本来拟达到的公平正义不能实际运作，真正地实践出来"。[1] 邻接权即是这样一种权利，没有充分的逻辑性，如果按照法律文字的表述来适用的话，凡是和著作权相关的权益都可以用邻接权进行保护，必将造成著作权法律体系的混乱。探究邻接权本质是否可以识别、是否符合著作权制度的价值体系，这是本书选题的初衷。

邻接权概念在我国现有法律规范性文件中并没有出现，1991年制定和2001年、2010年修订的《中华人民共和国著

---

[1] 黄茂荣. 法学方法与现代民法 [M]. 北京：法律出版社，2007：58.

作权法》（以下简称《著作权法》）及2002年施行的《中华人民共和国著作权法实施条例》（以下简称《著作权法实施条例》）含相关司法解释中均未采用邻接权概念。我国《著作权法》中采用"与著作权有关的权益"一词，在《著作权集体管理条例》则称邻接权人为"与著作权有关的权利人"。因而，"邻接权"在我国仅是学理上的一个法律术语。

英美版权体系国家也无专门的邻接权制度，邻接权是大陆作者权体系国家所特有的称谓，在有的国家被称为"相关权"或者"与著作权相关的权利"，日本称为"著作邻接权"，有文章认为我国"邻接权"术语的产生是源自日本著作权法。❶在1948年召开的旨在修订《保护文学艺术作品的伯尔尼公约》（简称《伯尔尼公约》）的布鲁塞尔外交会议上，通过了三项决议，对表演者、录音制品制作者和广播组织提供保护，当时使用的是"neighboring rights"。这种称谓被之后的《保护表演者、录音制作者和广播组织的国际公约》（简称《罗马公约》）与《世界知识产权组织表演和录音制品条约》（WPPT）在国际组织文件中所采用。由于英美版权体系国家中并无邻接权概念，以美国为主导签订的《与贸易有关的知识产权协议》（TRIPs）协议中采用了"related rights"来表述，一方面意在说明邻接权与著作权的密切关系，另一方面也意味着与作者权体系国家的邻接权概念相区别。在这之后，"related rights"的使用越来越普遍，在相关的国际条约中，"neighboring rights"与"related rights"趋向于等同使用。称谓的不同，可以因用法习惯所致，然而邻接权概念本身采用"相关的权利"来表

---

❶ 陈育新．邻接权辨析与治理［D］．暨南大学硕士学位论文，2008．

述，仅以相关性来界定概念的内涵，注定了此概念的不确定性以及逻辑上的不周延性。

在各国立法体例上，邻接权概念的外延较之称谓要复杂得多。各国在保护邻接权时采用了不同的立法模式，对邻接权内容的选择上存有差异。在英美版权体系国家与大陆作者权体系国家著作权立法的比较研究中，版权体系国家注重保护对作品的复制和其他方式的利用产生的经济利益，而作者权体系国家则基于作者对于作品的创作而对作者的各项权利进行保护。尽管著作权立法所依据的理念存有差异，最终版权体系国家与作者权体系国家在立法中体现出的对作者财产权利的保护内容却是差别不大。不过当录音技术和广播技术产生之后，新的利益群体产生，两大体系在面对这些利益主体所采取的不同态度扩大了各自立法格局的差距。版权体系国家在保护经济利益的立法导向下，对表演者、录音制品制作者的保护显得顺理成章，但对作者权体系国家而言，强调作者权本位的立法模式在对这些与作品相关的利益主体进行保护时只能另辟蹊径，邻接权概念最终以不协调的产物出现在作者权体系中。

国际公约的制定暂缓了邻接权的理论研究。1961年诞生的《罗马公约》把表演者、录音制品制作者和广播组织这三种作品传播者的权利规定在一起，统称为邻接权。由于《罗马公约》对这三者权利作了较为详细的规定，成为各国邻接权立法的基本参照。《罗马公约》对上述三者权利的统一，也形成了邻接权狭义和广义之分。通说认为，狭义邻接权也称为传统意义上的邻接权，包括表演者、录音制品制作者和广播组织的权利。广义的邻接权泛指与作者权有直接或间接关系的权利，各国法律规定不一，除表演者、录音制品制作者和广播组织的权利外，有的还包括数据库制作者权利、出版者的版式设计权、对达不到作品独创性标准的照片的权利等不能归入作者权但又与作者权有关的权利，不过本书使用的邻接权概念系采用狭义概念范畴。在此基础上，如果涉及其他邻接权类型，则单独列出。另外需要说明的是：因邻接权是作者权体系独有的概念，所以为了和邻接权相对应，本书采用"著作权"的用法，但并不表示仅在作者权体系下探讨邻接权，本书中使用的"著作权"与"版权"同义。

在知识产权制度中，对表演者、录音制品制作者和（或）广播组织进行保护，并非大陆作者权体系国家所特有的做法。实际上，一些英美法系的代表性国家已经是《罗马公约》《保护录音制品制作者防止未经许可复制其录音制品公约》（以下简称《录音制品公约》）和（或）WPPT等邻接权领域最重要的国际公约的成员国。英国、加拿大和澳大利亚是《罗马公约》的成员国，美国是WPPT的成员国，英国、澳大利亚和美国又是《录音制品公约》的成员国。在对表演者、录音制品制作者和（或）广播组织进行保护的版权体系国家，虽然立法者赋予表演者、录音制品制作者和（或）广播组织以版权，但是在权利内容上与作者的版权仍有显著的差别，反而与大陆作者权体系国家所称的邻接权更为接近。因此，为了比较研究的方便，本书的邻接权内容也包括对于版权体系国家有关表演者权利、录音制品制作者权利、广播组织权利等规定。

概念是人类在认识过程中运用演绎逻辑的思维对事物的共同特点进行抽象概括，形成对事物的本质认识；而命名则是用归纳的逻辑思维对某种事物冠以名称，在专业上形成相关术语。从邻接权概念产生到今天，各国立法、国际公约以及法学家对邻接权的认识依然存在巨大差异，许多还截然相反。邻接权远没有作者权那样概念清晰、内容明确，而只是一个"约定俗成"的概念，在权利内容上并不确定。从邻接权概念本身的表述而言，它没有任何逻辑性，因而邻接权制度逐渐在许多国家发展成为对不具有独创性、无法成为作品但又与著作权相关的利益进行保护的兜底性制度。一方面，随着技术的发展，新的与著作权有关的利益主体要跻身而入，邻接权的权利主体不断扩张，同时传统邻接权权利主体也在奋力抗争，为维护自己的利益不断扩大权利范围；另一方面，则是邻接权自身的正当性都未能证明。这样的情形下，邻接权总是面临着被质疑，但是同时又一再地提醒我们：邻接权的扩张趋势绝不是仅仅与著作权相关就能做到的！从录音制品开始，邻接权的重大发展总是伴随着新技术的来临而发生。这很容易遮蔽人们对邻接权制度的认识——论者常常仅将新技术和新经济形态的发展趋势作为确立或者扩张邻接权的重要原因，而忽略了邻接权与著作权之间的逻辑关系研究。在法律制度设计的过程中，如果盲目地规定本无必要规定的"新权利类型"，或者赋予权利人本无必要的权利，就有可能在制度层面形成与经济基础的要求不相适应的因素，进而反过来影响产业的发展。因而虽然邻接权的产生源自保护利益的需要，但是这种利益的保护缘何能上升为绝对的财产权利？同样处于传播者行列的出版者为何只能享有专有出版权这种独占性债权？如果将法益上升为绝对权，等于规避了法律基于公益保护而设置的平衡机制，使法益享有者获得绝对权之利，却不受绝对权要件的限制，必将会损害公众利益。❶ 邻接权的这种设权保护是否合理，其中蕴含的权利确认的正当性是值得思考的。

通过对现有邻接权具体制度的研究并不能告知人们邻接权概念的本质，对国际公约进行再详细的分析也只能让人们最终以利益的视角来认识邻接权。当将焦点转向邻接权制度产生的历史传统、哲学基础以及邻接权所在的著作权法价值体系甚而是私法的价值体系时，新的论证思路逐渐明晰。只有对其中的逻辑关系进行全面分析时，才能比较完整地把握邻接权的实质，并进而作出妥当的制度选择。

第二节　本书相关文献梳理

目前在我国研究邻接权的专著很少。2009 年，中国社会科学院孙雷完成博士论文《邻接权研究》，并于 2010 年出版，这是我国第一本在邻接权方面的专论。书中分别对狭义邻接权中表演者权、录音制品制作者权和广播组织权制度的源起和发展概况进行了评述，对其权利内容和保护期限等具体问题做了探讨，并在数字技术发展的大环境下，分析了技术措施以及权利管理信息的定位、保护方式和限制等问题。最后从网络服务提供者侵权责任的角度对邻接权的例外和限制问题做了探讨。总之，该书对邻接权制度的具体内容研究全面，但是在邻接权基本理论的研究方面未过多涉及。

对于本书中所涉及的制度内容和制度比较，主要的参考文献有：史文清、梅慎实 1991 年出版的《著作权诸问题研究》，

---

❶ 李琛. 论知识产权法的体系化 [M]. 北京：北京大学出版社，2005：174.

此书对于邻接权制度本身作了比较详细的论述,并将国外的一些研究成果加以介绍,许多资料已有些陈旧。德利娅·利普希克的《著作权与邻接权》,资料翔实,分析评价比较客观,对邻接权国际条约及各国的立法情况为本书提供了比较依据。张恩民翻译的 M. 雷炳德的《德国著作权法》,高凌瀚翻译的克洛德·科隆贝的《世界各国著作权和邻接权的基本原则——比较法研究》,刘波林翻译的《伯尔尼公约指南》和《罗马公约和录音制品公约指南》,李明德的《美国知识产权法》《欧盟知识产权法》,金海军翻译的布拉德·谢尔曼、莱昂内尔·本特利的《现代知识产权法的演进:英国的历程(1760~1911)》,兰德斯和波斯纳的《知识产权法的经济结构》,刘学涛翻译彼得·达沃豪斯、约翰·布雷斯韦特的《信息封建主义》,沈国林、韩绍伟译,罗纳德·V. 贝蒂格著《版权文化——知识产权的政治经济学》为本书提供了较好的资料基础。

多篇硕士论文对邻接权问题进行了基础性的梳理,提出了邻接权现存的问题,但囿于研究的深度,大多是针对邻接权制度的完善提出建议。如中国台湾地区中原大学李湘云硕士论文《著作邻接权制度之研究——以日本著作邻接权制度为研究经纬》,对日本著作邻接权制度进行比较分析,同时对中国台湾地区著作邻接权制度的建立提出了建议,为本书提供了翔实的资料。暨南大学陈育新的硕士论文《邻接权辨析及治理》对邻接权概念作了历史考证和含义剖析,并对邻接权的治理提出使用集体管理机构的思路。刘文晶《世界知识产权组织版权条约(WCT)与邻接权条约(WPPT)研究》对 WCT 和 WPPT 的立法背景与立法内容做了详细的介绍。

博士论文有：2007年中国人民大学徐伟的博士论文《邻接权制度研究——以历史和公共政策为主要研究视角》，该文综合运用了历史分析、经济分析、比较分析的方法以及法学、经济学、政治学、历史学等知识，将邻接权制度的历史发展过程评述得很翔实，最终将邻接权制度放到国家公共政策体系中进行研究，将邻接权定性为国家公共政策工具，认为在国内和国际上，邻接权制度有两种不同的功能：在国内主要是通过确定权利分配和利益归属，实现著作权人、使用者和公众之间的利益平衡，促进知识增长、文化进步和经济发展；在国际上主要作为版权贸易政策工具，通过版权产业组织发挥版权产业的规模经济和范围经济优势，从而增强本国国际竞争力。另外，有一些博士论文分别以传统邻接权中的表演者权、录音制品制作者权、广播组织权为研究对象，这些论文大多是立足于国际公约的规定及两大法系立法的比较研究，对我国具体的表演者权利、录音制品制作者权利以及广播组织权利的完善提出建议。这些研究所选视角单一，彰显出各权利主体的个性特征，对其权利范围的探讨也是极尽扩张之势，但是仍然为我国邻接权的研究提供了丰富的参考资料，如2009年中国政法大学袁晓爽的博士论文《表演者权利研究》。

以下参考文献对本书的立论有重要影响：刘春田教授主编的《知识产权法》，金海军博士1998年硕士论文《著作邻接权论》，李琛博士的《论知识产权的体系化》，体系化思维为本书写作找到切入点。费安玲博士的《著作权的权利体系研究——以原始性利益人为主线的理论探讨》、易建雄博士的《技术发展与版权扩张》为本书研究著作权与邻接权的历史演变带来启发。

通过对现有文献的梳理,笔者发现邻接权在法学理论及权利内容上的含混不清已受到我国学者关注,许多学者已经对邻接权本质的认识作出努力。但是这种认识仍过多地着眼于邻接权与著作权之间的不同之处,局限于邻接权与著作权表面的区别,未能进一步走向邻接权的本质归属。

第三节 本书的研究方法

一、逻辑推理与论辩推理分析法结合

在论证理路上,本书依循逻辑分析和佩雷尔曼的"论辩推理"分析相结合的方法。逻辑的分析推理以"证明"为目标,在一个封闭的单义性的系统内展开,系统内一个命题的真是客观的;并且根据不矛盾律,它不能与其他任何命题不相容,证明的目的在于通过消除任何引起争议的东西来达到证明对象的无可争议性。与此不同的是,论辩推理是一种旨在说服对方的推理工具。对涉及一批假定得到承认的命题,对其中包含的每个成分都可以进一步提出疑问。[1] 通过对邻接权概念的合乎逻辑的分析,以期调和邻接权论争的各种分歧。对涉及一批假定得到承认的命题,对其中包含的每个成分都可以进一步提出疑问。本书借助这一论证方法对目前存在的"邻接权本质"假说提出质疑。

---

[1] 佩雷尔曼. 逻辑学与修辞学 [J]. 徐毅力,译. 张赵梅,校. 哲学译丛,1988(4): 58-61.

二、历史分析法

这个方法有很多学者采用,大多数学者通过历史分析方法,梳理邻接权产生的原因,认为传播技术的发展是邻接权产生的决定性因素。但是本书通过历史分析的方法恰恰看到另一面。印刷术的产生,丰富了作者作品的传播,带来了出版者利益的膨胀,但是为何在现代版权理念产生的过程中,出版者的主体地位逐渐隐退,在作品传播的链条上仅仅成了利益的分配者之一?每一项新技术的发展,带来了新的作品利用方式,也带来新的行业需求对权利人的利益冲突。对著作权人而言,这种利益冲突成为扩张其财产权利的正当依据,但为何催生出邻接权呢?邻接权自身的权利正当性必然要经过论证。

三、比较研究法

邻接权制度虽然与著作权制度的功能不同,但两者是否是完全相区分的独立权利类型?应用比较分析的方法辨明两者的异同,是认识事物本质的重要途径。通过比较分析,邻接权与著作权在法律关系的构成上具有相当多的交叉部分,从主体、客体和内容上均不能使邻接权与著作权截然分立。邻接权是不同于著作权的独立权利的观点在比较研究的方法中瓦解。权利的属性是由其调整对象的属性来决定的,通过对两个调整对象的深入比对,得出二者具有同质性,即都是调整"思想的表达"这一结论。

第四节 本书的论证思路

本书共分为七章。

第一章，绪论。笔者带着如下疑问开始邻接权本质属性的探究：邻接权为何出现在作者权体系国家？邻接权是传播者权吗？邻接权出现在著作权体系中仅仅是为了解决作品传播环节中的利益分配吗？邻接权制度的现状一方面是理论的匮乏，另一方面却呈现出扩张的趋势，这其中隐含着怎样的正当性呢？邻接权与著作权存在共通性吗？正是在逐一解答这些疑问的过程中，邻接权的归属渐渐明晰。

第二章，邻接权产生和发展轨迹。本章首先对邻接权的产生和发展轨迹作出介绍，分析邻接权产生于著作权扩张的过程中，伴随着著作权权利内容的扩增，邻接权主体艰难地争取着自己的权利。在邻接权发展过程中，国际公约的推动作用非常明显，这也是经济发展趋势的影响所致。通过邻接权国际公约的内容阐述推衍出邻接权权利内容不断增加的轨迹，并论证国际公约对各国邻接权国内立法的影响。

第三章，历史的推衍：版权理念产生和发展史启示。针对邻接权问题在作者权体系与版权体系的不同处理方式，本章对版权理念产生和发展的历史进行追踪，探究版权得以建立的正当理念，以及在版权发展过程中理念发生的转折。在版权的产生和发展过程中，同样隐藏着利益团体的斡旋和操作，但是版权的正当性论证使得作者在与出版商利益抗衡的对弈中最终取得了在版权制度中稳固的主体地位。据此得出的结论是邻接权在著作权制度中的正当性论证是不容忽视的步骤。经济发展的需要，国家间贸易的繁荣，同样的国际立法历程在著作权领域中出现，国际立法统一的趋势扰乱了各国国内立法坚持的原则，作者权体系与版权体系的差别缩小，这反映了两大体系在著作权制度价值取向上的趋同。

第四章，视角转向：著作权制度的价值取向。因为权利的本质尚未统一，本章首先从权利本原进行论证，权利自身对价值的追求决定了私法中的权利是经过价值判断的正当利益。因为版权产生过程中受哲学理念的影响很深，本章进一步追踪私法中哲学理念的演进，发现曾经对立的自然主义哲学和功利主义哲学两大阵营已经出现融合，在立法中单一地坚持自然主义或功利主义的哲学导向，都会使立法中的价值取向发生偏离。版权体系与作者权体系融合下的价值取向走向回归鼓励知识创造，增进公共利益的原点，以应对两大体系共同面临的著作权制度的基本矛盾。

第五章，邻接权本质追问。针对应对邻接权产生建立的理论基础和以揭示邻接权本质为目的的观点进行评述，质疑其中存在的缺陷。从法律关系构成的角度对邻接权与著作权的关系进行论辩，指出邻接权与著作权在主体、内容上相混淆的关系，方法最终回归到关注两者权利对象的属性。著作权的权利对象是作品，其根本属性在于独创性的表达。在对邻接权的基本范畴进行分析之后，首先认定邻接权对象与著作权对象具有共同的上位概念，即表达。但是邻接权对象中既存在独创性表达，也存在非独创性表达。对于邻接权的对象属性的界定，在体系化思维下，本章将其确定为独创性的表达，以保证著作权体系内权利对象属性的统一。这样的情形之下，传统邻接权的概念分崩离析。本章对新的邻接权对象的界定重新描述。

第六章，我国现有邻接权范畴之甄别。在新的邻接权对象属性确定之后，邻接权的设权保护要求邻接权权利的确认有一个相对确定的标准。邻接权的权利确认本着内在制约和外在限制的机理，在权利范畴上具有相对稳定性，不再是不具有独创性表达的兜底性制度，本章建议在立法中将享有邻接权的对象参照作品的立法模式以明示的方式列举。在邻接权的确认标准建立以后，对现有邻接权范畴进行检讨，以甄别不应介入邻接权的进行保护的权益。最后，应对邻接权扩张之势，对欲加入邻接权保护的权益作出判断，属于邻接权人的应有之权利是一定要确认的，但是仅存在利益保护的需要而不具备邻接权构成要件的权益应当坚决拒绝。对这样的利益应当保护，但是要采用恰当的模式，明确其权利的本质、产生方式、保护形式等与邻接权存在差别。

第七章，结语。

第二章 邻接权产生和发展轨迹

第一节 邻接权产生于著作权扩张的过程中

对于邻接权的产生,有一种通说,认为它是传播技术的产物,就像版权的产生与印刷技术的关系一样。因而,考察邻接权的本质,有必要关注邻接权在产生之初与传播技术之间的关系。

技术本身是经济、社会条件的产物,但技术的发展对社会的影响也存在要变革经济、社会中利益关系的要求。因而现代传播技术的发展带来了传播行业的利益需求,与此相关的其他行业利益关系也在发生着变革,这种利益变革预示着调整利益关系的法律的变革。

19世纪是技术的大变革时期。在爱迪生1877年发明留声机和唱片、1890年发明"活动电影摄影机"之后,电影作为娱乐或科学的新产业得到了广泛的传播与接受。远程传播技术与电影技术同步发展。赫兹1886年证实了电磁波的存在,1895年马可尼(Marconi)与俄国人波波夫(Popov)分别实现了无线电的发送和接收。1901年12月,马可尼首次完成跨越大西洋的无线电通信。此后,无线电通信的技术和理论都取得了巨大进展。1917年,法国人吕西安·莱维(Lucien Levy)发明无线电收音机,1920年,英、美商业广播电台分别开播。

之后，收音机逐渐受到民众的喜爱，无线电广播事业渐成规模。❶ 1899 年，丹麦人伯尔森（V. Poulsen）发明钢丝磁带录音机，1945 年，美国人宾·克罗斯比（Bing Crosby）生产出第一台盘式磁带录音机。到 20 世纪 70 年代末，兼具录放功能的模拟录音机已大量投放消费市场。❷ 20 世纪 50 年代中期，英国广播公司发明了电子录像机。60 年代初，第一台录像机进入美国市场，1974 年家用录像机面世。传播技术从科学走入生活，由此带给民众的便捷与享受激发了民众对这些新产品的使用，更加速了技术在生活中的应用，也诞生了新的行业。磁带录音、录像技术的发展引起大量的私人复制行为，给自印刷技术以来产生的作者复制权带来了冲击。

新的技术发展直接冲击的是现有的已经确认的利益关系，传播技术关涉对作品的传播，作者们毫不犹豫地呼吁著作权利内容的扩张。录音技术的出现，应势扩张的是作者的表演权。❸ 最初，作者是以扩大自身表演权的权利范围来吸收对表演者表演、录音制作者制作作品以及广播机构的权利。

1913 年美国成立第一个表演权协会——作曲家、作家与出版商协会（American Society of Composers, Authors and Publisher, ASCAP），它是为了维护作品因被使用产生的利益而成立的专门组织。随着广播业的兴起，作家们意识到广播机构在使

---

❶ A. L. Ashby. Legal aspects of radio broadcasting: from a lecture delivered by Mr. Ashby, at the New York University School of Law, April 22, 1930.

❷ Julie E. Cohen, Lydia Pallas Loren, Ruth L. Okediji. Copyright in a Global Information Economy [M]. Aspen Law & Business Publishers, 2002: 32-33.

❸ Julie E. Cohen, Lydia Pallas Loren, Ruth L. Okediji. Copyright in a Global Information Economy [M]. Aspen Law & Business Publishers, 2002: 34.

用自己的作品获取利益的时候应该有权分配其中的利益。作者在获得正当的主体资格以后，对待自己利益的争取也是毫不含糊的。在美国，ASCAP成员开始了对抗广播电台的诉讼——在作者们的努力下，法院的判例确立了广播电台播放节目的行为构成公开表演。ASCAP有了收取作品许可使用费的正当理由，作者自此在作品使用费的收取方面占据主导地位。由于广播公司对音乐作品的宣传，ASCAP的收入得到了很大的提升。面对作者日益提高的作品使用费，美国广播电台行业在利益的驱使下不得不追求低成本运作。1939年广播音乐公司（Broadcast Music, Inc., BMI）得以建立，成为播放作品的直接提供者。广播电台使用ASCAP成员的作品逐渐减少，ASCAP的利益受到很大影响。ASCAP被迫和广播组织达成协议，大幅降低授权使用费。

与此同时，录音技术的发展也造就了一个新的利益群体：录音制品制作者。然而录音制品制作者受到两方面的严重威胁：一方面是竞争对手对自己录音制品的随意复制，另一方面则是私人录制。录音制品的盗版现象猖獗。1911年，英国著作权法首先对音乐唱片进行保护。❶ 大陆法系国家中，意大利最早对录音制作者进行保护，在其1941年的著作权法中将录音制品制作者的权利称为"与著作权相邻接的权利"。❷ 为了保护产业利益，在美国联邦版权法尚未保护录音制品的情况下，美国各州即在普通法中以盗用财产和不正当竞争来保护录

---

❶ 沈仁干，钟颖科. 著作权法概论 [M]. 沈阳：辽宁教育出版社，1995：185.

❷ 李永明，主编. 知识产权法 [M]. 浙江：浙江大学出版社，2000：184.

音制品制作者的利益，甚至颁布了专门的民事和刑事条款。❶ 1971年美国国会终于通过《录音制品法》（*Sound Recordings Act of 1971*）。在1976年美国重修版权法时，将录音制品（不包括电影或其他视听作品的各种伴音）从复制品中单列出来，作为独立的作品类型加以保护，为其设置了复制权、发行权与演绎权。同时对其作了一些限制，以与非商业性录制相平衡。

在收音机及广播电台实现了声音的远程传播之后，图像的远程传播技术也出现了。1925年，英国人贝尔德（Baird）成功研制机械电视，1929年，英国广播公司允许贝尔德公司开始公共电视广播。从1930年起，电视机开始进入市场。20世纪30年代末，英国和美国的广播公司相继开始播放电视节目。因为对电影与广播电台的适应，版权制度对电视技术的出现已经做好了准备。美国的公开表演权再一次展现出其强大的包容性：电视广播也被解释为作品公开表演权的内容。

在作者的作品表演权大步向前发展的时候，表演者的境况则步入了尴尬。在上述技术产生以前，由于表演的即时性，观众若想欣赏表演者的表演，必须经过表演者亲身登台表演。表演者则通过现场表演获得报酬，这也成为其生活的主要来源。随着新技术的出现，表演者的表演不仅可以存储、复制，而且可以远程传播，观众可以通过磁带、唱片、广播电台、电视台的节目欣赏到表演者的表演，虽然与现场欣赏的效果有差距，但是方便和快捷很快取代了差距感，这也是新技术兴起必经的过程。唱片、录音带、录像带的出售而使社会公众足不出户就可以在家中欣赏表演。表演者无法限制他人对表演的直播和录

---

❶ 李明德. 美国知识产权法［M］. 北京：法律出版社，2003：156.

制，愿意购票亲临现场观赏表演的人数大幅减少，表演者的收入锐减。表演者现场表演的机会减少，对于大部分表演者来说，这种状况已经影响到了表演行业的生存。这使文艺复兴以来地位大幅提高的表演者无法承受。

  首先对此种状况作出反应的是国际劳工局。1939 年，国际劳工局出版《演奏者在广播节目、电视及声音机械复制方面的权利》。该报告指出各国表演者面临的严重形势及危机的普遍性。在一些国家及国际会议上，表演者及演奏者的专业组织提出了权利要求：（1）授权采用机械、无线电或其他方式复制、传送和录制其表演或演奏的权利，以及公开演奏这些传送或录制节目的权利；（2）尊重艺术家的精神权利，即身份权或署名权，以及反对擅自篡改或歪曲其表演的权利；（3）经济权利，即每当广播一项艺术演奏——如果该演奏不是出于广播目的以及艺术家以此获得报酬——或每当在公共场所所演奏录制的录音制品时，领取一笔专门的公平的报酬，用来补偿对这些表演进行的使用，以及征收唱片销售额的百分比的权利。❶这种权利要求几乎与作者享有的版权权利内容相同。

  与此相对应的，各国版权立法开始对表演者的权利予以确认。1910 年，《德国文学和艺术作品产权法》将表演者作为原作品的改编创作者加以保护。1925 年，《英国戏剧、音乐和表演者保护法》中专门规定录制戏剧和音乐表演者的表演须经表演者书面同意，否则应立即予以赔偿。❷ 至 20 世纪 60 年代，

---

 ❶ [西] 德利娅·利普希克. 著作权与邻接权 [M]. 联合国教科文组织和中国对外翻译出版公司, 2000: 277.

 ❷ 李永明, 主编. 知识产权法 [M]. 浙江: 浙江大学出版社, 2000: 183.

世界上大多数国家对表演者权给予了保护。

自广播技术产生以来,私人团体和个人的力量不足以或不被允许建立广播组织,早期的广播组织在大多数国家是公营性质的。许多国家都赋予广播组织以垄断经营权。有线传播技术出现以后,广播组织垄断经营的状况得到改变。有线传送技术的产生原是为了克服无线传送节目信号的缺陷,通过设立自己的天线系统以放大无线信号,再通过电缆将放大的节目信号传送给社区、家庭。随着有线传送技术的发展,广播组织信号的传送中被盗用的可能性增强。20世纪60年代,卫星技术兴起,电视技术更是进入空间时代。现代传播技术的发展使得广播节目的传播有了新形式。广播组织节目被随意转播,私自录制广播节目以及在营业性场所播放广播节目的现象也日益普遍,尤其是卫星广播、广播电缆等新传媒技术的出现,更多的经营主体进入广播行业。广播组织的权利渐渐摆脱了垄断的特质,对广播组织权利的保护是在其私权属性显露出来以后才得以提出,广播组织要求用广播组织权保护自己的利益。英国在1956年将广播节目列入著作权保护范围。❶

邻接权是伴随着录音技术、电影技术对与作品有关的行业利益的冲击而萌芽。这种冲击不仅仅是针对表演者、录音制品制作者和广播组织的利益。随着与作品有关的新行业的产生,作者的利益关系也受到调整。邻接权主体的权利主张过程中,同样交织着作者权利扩张的过程。囿于认识的局限性,此时的人们认为,艺术家的表演、录音制品制作者的物质载体以及广播不能与表演、录制或广播的作品分割开来。这是针对同一作

---

❶ 李永明,主编. 知识产权法 [M]. 浙江:浙江大学出版社,2000:185.

品产生的不同权利要求,所以如果承认表演者、录音制品制作者和广播组织具有准许或禁止使用表演、录制物或广播的作品的权利,显然也就承认了他们对作品本身具有权利,即作者的权利就是表演者或演奏者、录音制品制作者和广播组织的权利。这两种权利关联同一个作品,因而被认为是相冲突的。而事实上,表演者、录音制品制作者及广播组织是作为作品的使用者而生存的,他们的利益被认为来源于作品的利益,表演者、录音制品制作者和广播组织对作品享有权利在作者利益集团看来是无稽之谈,作者利益集团的抵制使邻接权的产生面临阻力。

一个新的权利出现往往会遇到阻力,面对这个阻力,人们通常会选择与现有权利进行比对的方式,找到两者的相似性以求得被承认。在利益的争夺过程中,邻接权在新行业集团的利益追逐下,跳过了权利的正当性论证,最终还是产生了。由于新技术对行业带来的利益冲击成为邻接权产生的直接原因,对于本就是在矛盾中求生的权利,注定了这个权利的发展带有"侵略者"的意味。技术发展的过程,是作者针对作品权利扩张的过程,也是邻接权产生和发展的过程。也就是说,技术的发展对邻接权的影响和对著作权的影响是一致的,邻接权产生和发展过程中也充斥着利益的较量与妥协。从邻接权产生时与著作权制度的格格不入,到现在邻接权保护范围的不断扩大,甚至与著作权体系融为一体,这虽然是由于著作权制度在技术发展下不断修正传统理念的结果,其中也必然存在邻接权与著作权相通的缘由。

从这个角度看,邻接权的产生与15世纪中叶古登堡发明活字印刷机和发现制版术之后,著作权的产生具有明显的相似之处。印刷技术的产生使出版商可不顾作者的意愿大量复制图书，投资者成为新兴行业的领头人，也是利益的最大关注者，新技术出现带来新的利益群体，而现代著作权制度中的真正主体——作者在最初仅成为出版行业利益链条中的一个环节。因而从印刷技术出现到现代著作权的真正产生，中间经过了200多年的时间。同样的情形出现在邻接权产生的过程中，当新的传播技术出现，原有行业固有的利益格局被打破，留声机、电影放映机、广播使音乐作品、文字作品和戏剧作品可被机械复制，作品可以公开传送给几乎是无限的听众；没有艺术家本人参与则无法进行的表演和演奏从此时起可以得到保存，并无须艺术家本人亲自演出而得到传播。此时作家们已经在版权中确立了无可动摇的权利主体地位，而新的传播技术的出现几乎将艺术家边缘化。唱片业和广播业的蓬勃发展，使唱片商与广播电台、电视台均处在利益分配的链条中。当然邻接权人与著作权人的利益矛盾不言而喻。

对邻接权的属性分析自然离不开利益的考量，这是其作为财产权的必然特征，本书的论证前提不是要否认其利益分配的工具属性，而是要寻找其融入著作权体系最本源的属性。

第二节　邻接权保护立法体例的不同模式

从世界范围来看，传播技术在英美法系国家和大陆法系国家出现的时间相近。但是就法律概念而言，邻接权则成为大陆作者权体系国家所特有的称谓。其实在知识产权制度中对表演者、录音制品制作者和（或）广播组织（美国不包括广播组织）进行保护并不是大陆作者权法体系国家所特有的做法。甚至在20世纪60年代之前,两大法系对著作权与邻接权并不严格区分。1920年的《日本著作权法》中表演者、唱片制作者可以获得著作权;1956年的英国法把广播节目和录音规定为第二类作品;1910年德国法、1936年瑞士法、1936年奥地利法把表演者视为改编者。那么包含表演者权、录音制品制作者权、广播组织权在内的邻接权作为法律概念出现究竟是源于大陆作者权法律体系的自我妥协,还是另有原因呢?随着各体系国家立法理念的演变,关于邻接权权利主体的立法保护呈现出不同的模式。虽然大多数国家通过知识产权制度来保护邻接权,但仍有国家采用民事赔偿制度、劳动法、行政法、反不正当竞争法或者合同法来解决。

在版权体系国家与作者权体系国家立法的比较研究中,大体说来,作者权体系国家注重作者对于作品的创作,以及由此产生的权利。作者权体系国家所奉行的作者权本位主义强调保护作者独特的智力贡献,主体的范围仅限定在创作了作品、向社会贡献了智力成果的自然人;而依版权体系国家的版权保护理念,版权法的目的是防止材料未经授权的复制而不是保护自然人的创造。❶在邻接权保护上,作者权体系国家,如法国、德国、意大利、日本等国一般在著作权法中对邻接权加以保护。这些国家认为,作品的传播者在传播作品时付出的创造性劳动或者其他投入同作者的具有个性的创作存在本质的差别,但同时传播者对作品传播的贡献又是不容忽视的,传播者的权

---

❶ [西]德利娅·利普希克. 著作权与邻接权[M]. 联合国教科文组织和中国对外翻译出版公司, 2000: 306-307.

利与著作权具有相关性，❶ 因此，为了与著作权相区别，给予邻接权不同于著作权的保护。1970年之前的日本著作权法，对表演、录音制品是按照作品加以保护，但在2004年按照《罗马公约》的规定修订著作权法时，将表演者权利、唱片制作者权利、广播组织权利（既包括无线电广播，也包括有线广播）称为邻接权。荷兰1993年制定了专门的邻接权法，其内容包括四类：表演者权利、唱片制作者权利、广播组织权利以及电影制作者对其首次固定的电影的权利（the producer of the first fixation of films）。

在当今的技术条件下，表演、录音制品和广播节目都可以成为被复制的材料，版权体系国家注重对作品的复制和其他方式的利用，更加侧重对作品的经济利益的实现。在版权体系下，传播者对作品的传播中所付出的劳动与作者创作作品的劳动一样，都属于对作品的投入，性质是相同的，因此，版权体系国家对传播者给予与作者相同性质的权利保护。因而版权体系虽然没有邻接权概念，但是对邻接权所保护的对象同样保护。如美国版权法的"录音制品"，是作为作品来保护。在英国，唱片制作者和广播组织被视为作者享有权利。当然在立法体例中采用何种方式对权利进行保护是立法技术的选择，本身并没有对错之分。

邻接权设立的初衷是为了保护表演、录音制品和广播，根据世界知识产权组织的词汇汇编，邻接权"通常指在日益增多的国家中，为保护表演者或演奏者、录音制品制作者和广播组织在其公开使用作者作品、各类艺术表演或向公众播送时事、

---

❶ 郑成思. 知识产权法［M］. 北京：法律出版社，1997：320.

信息及在声音或图像有关的活动方面应得的利益而给予的权利"。❶ 这些权利亦称"相关权利"或"类似权利"。但从目前国内外的理论与立法实践上看，邻接权的范畴已经得到了扩展。目前邻接权存在狭义与广义之分。狭义的邻接权即传统邻接权，包括表演者权、录音制品制作者权与广播组织权三项。虽然在世界贸易组织肯定了对邻接权进行保护之后，越来越多的国家对这三种权利进行保护，但并不是所有的国家对传统邻接权都进行保护。具体到不同国家的立法例，又各有区别，有的国家仅保护这三者中的一个或两个权利。广义的邻接权，则是既包括传播作品的传播者所享有的专有权，又包括不构成作品的产品、制品的所有人所享有的权利等。在有些国家，除了传统邻接权以外，不具备作品保护条件的其他对象也被纳入邻接权的范畴，邻接权成为兜底性的制度。某些国家还集中了对普通照片、目录和汇编等各种不具备作品保护条件的其他对象的保护，而有些国家则包括公认的电缆传播企业的所有权利，以及出版者对其已发行的版本确定印刷版面式样的权利。如意大利，除传统邻接权外，还包括摄影作品、戏剧作品中的布景、书信及肖像、工程的设计方案和定期刊物中专栏文章标题的保护、作品的外观、文章和新闻报道以及某些不正当竞争行为。2003 年的《德国著作权法与邻接权法》中，也是采用广义邻接权的概念，包括对照片、遗著、科学版本、数据库等的保护。

各国对邻接权在立法方面的如火如荼与邻接权理论方面的

---

❶ 世界知识产权组织. 著作权与邻接权词汇汇编［Z］. 日内瓦，1980. 词目 164，167.

研究匮乏形成鲜明的对比，邻接权保护的对象越来越丰富，但与此相对的则是与其进入著作权制度的初衷越来越远。

第三节 国际公约对邻接权发展的推动作用

一、邻接权国际公约的演进

在没有制定有关邻接权的国际公约之前，建立起邻接权制度的国家在保护对象的范围及保护水平上差别较大。对表演、录音制品以及广播进行保护的国家往往根据本国贸易的需要通过和其他国家签订双边条约或者多边条约的形式来推动邻接权的保护，但仅依靠某一个或几个国家的力量，似乎无法对邻接权的立法保护产生较强的影响，这种进程相对较慢。直到相关的国际公约签订之后，成为公约成员国的国家才加快了对邻接权统一立法保护的步伐。

在国际方面，承认表演者的权利与承认录音制品制作者和广播组织的权利是联合进行的，但却与著作权方面的公约无关，这样的处理方式似乎强调着著作权与邻接权保护对象之间存在互不渗透的界限。在保护文学、艺术和科学作品方面的第一个国际公约是1886年签订的《伯尔尼公约》，其内容仅涉及作者对其作品权利的扩张，并没有涉及邻接权的规定。随着录音、录像以及广播技术的出现，人们开始尝试在《伯尔尼公约》中解决表演、录音和广播的保护。1928年，在《伯尔尼公约》的罗马修订会议上，意大利政府向伯尔尼公约国际局提出增加两个保护表演者权利的建议。但是这个建议遭到了反对，与会者普遍认为这是保护作者的公约，没有表演者的地位。1948年《伯尔尼公约》布鲁塞尔大会上却通过了一个决议，即在《伯尔尼公约》之外制定一个新的公约保护表演者权、录音制品制作者权和广播组织权，决议草案将这些权利称为"著作权的邻接权"（rights neighboring to copyright），虽然该决议的正式文本并未采用"邻接权"字样，但许多国家的立法和学理上都接受了"邻接权"概念。

目前关于邻接权的国际公约主要有：《罗马公约》《录音制品公约》《卫星公约》《世界知识产权组织表演和录音制品条约》和《视听表演北京条约》。邻接权国际公约的制定，在很大程度上省却了邻接权的理论论证，甚至成为某些国家邻接权立法的直接参照，无论是积极的追随还是被动的接受，邻接权国际公约的制定客观上都推动了邻接权的各国国内立法。

（一）《罗马公约》

第二次世界大战结束后，1949年由世界知识产权局（BIRPI）、联合国教科文组织（UNESCO）、国际劳工组织（ILO）三个国际组织发起了一个研究项目，项目的研究成果最终形成了一个邻接权公约草案，❶ 1961年10月26日40个国家在罗马签署了公约的最终文本，即《罗马公约》。该公约首次确立了传统邻接权的范畴，即表演者、唱片制作者和广播组织。由于所涉及的内容较为全面，因而成为各国邻接权国内立法的重要参照。

由于表演、录音和广播往往涉及已获版权保护的作品，因此《罗马公约》第1条首先明确："本公约给予的保护将无损于对文学艺术作品著作权的保护，对本公约的任何规定也不得

---

❶ 世界知识产权组织罗马公约和录音制品公约导读，1981：7-9.

解释为损害文学艺术作品著作权的保护。"《罗马公约》确立的著作权和邻接权的关系成为后续邻接权国际公约遵从的模式，这种模式的确立间接地表明了邻接权人与作者平衡利益的妥协态度。

《罗马公约》首先明确国民待遇原则，为邻接权在各成员国获得保护设置了前提，这也是为了满足统一各国邻接权制度和保护水平的需要。

该公约对表演者作出明确定义，表演者的范围涉及演员、歌唱家、音乐家、舞蹈家等或者以其他方式表演文学艺术作品的人，但只限于自然人。❶ 该公约未直接规定表演者的权利，而是通过要求各成员国防止某些行为出现来实现对表演者的保护。❷ 在这种未上升为权利的保护模式下，表演者未获得全面的禁止权和许可权，表演者在众多使用表演的情形下无法约束使用者，因而出现利益上的流失。这种规定的方式体现出在当时的立法背景下浓重的利益妥协痕迹。由于对表演者利益的保护会影响到作者、录音制品制作者和广播组织的利益，三者均担心为表演者设定专有权利会与之产生很强的竞争。对此，该公约还专门规定，当表演者同意将其表演以图像的形式或者以音像的形式录制下来，表演者就不能依据公约享有任何权利。❸ 这就为广播行业、唱片业独占使用作品扫清了障碍。因而《罗马公约》出于平衡各方面利益关系的考虑，缺少对表演者行为性质的准确定性，表演者的权利还不能理直气壮地立足于国际

---

❶ Rome Convention, Oct. 26, 1961, Art. 3 (a).
❷ Rome Convention, Oct. 26, 1961, Art. 7.
❸ Rome Convention, Oct. 26, 1961, Art. 19.

公约中，对表演者利益的保护，更多的是出于维护表演行业生存的需要。

根据《罗马公约》规定，录音制品制作者是指首次将表演的声音或其他声音录制下来的自然人或法人。❶ 对录音的声音来源包括任何对表演的声音和其他声音的专门录音。❷ 表演的声音是指表演者对于作品的表演，还可以视为对作品的传播，而其他声音则与作品无关，将其固定下来与作品的传播也无关。这对于通说所解释的"邻接权"是作品传播者，如表演者、录音制品制作者和广播组织，在传播作品的过程中对于自己的智力活动成果和投资所享有的权利，设置了一个逻辑上的问题。可见，录音制品制作者或者表演者并非一定要基于对作品的传播而进行创作，其本身就可以是原创性的主体。《罗马公约》为各国对录音制品制作者的保护提供了初步的保护模式，虽然这种保护还很简单——录音制品制作者有权授权或禁止直接或间接复制其录音制品。公约对录音制品的保护实行非自动保护原则，并且对录音制品制作者在广播和向公众传播录音制品享有获取报酬的权利允许成员国作出保留。❸

《罗马公约》对"广播"规定为通过无线方式将声音或者声音与图像的组合传输供公众接收。❹ 广播组织应当有权许可或禁止：（1）转播其广播节目。这里的"转播"指的是该广播组织的广播节目被其他广播组织同时广播。（2）录制其广播节目。（3）复制其广播节目的录音或录像，这里的"复制"

---

❶ Rome Convention, Oct. 26, 1961, Art. 3.
❷ Rome Convention, Oct. 26, 1961, Art. 3.
❸ Rome Convention, Oct. 26, 1961, Art. 12.
❹ Rome Convention, Oct. 26, 1961, Art. 3 (f).

包括未经其同意而制作其广播节目的录音或录像的行为；即使在合理使用范围内制作其广播节目的录音或录像，但复制该录音或录像的行为并不在合理使用范围。（4）向公众传播其电视节目，这种向公众传播是指在公共场所的营利性传播。❶ 关于第 4 项权利的行使条件则由成员国的国内法律来确定。

该公约先见地比照著作权的限制规定对邻接权可以作出同样的限制，如私人使用；在时事报道中少量引用；广播组织为自己的广播节目利用自己的设备暂时录制；仅用于教学和科学研究目的情形下对保护作出例外规定，但在限制和保留方面仍给了缔约国很大的空间。强制许可证的颁发也不能超出公约规定的范围。❷ 这样的规定是为了避免邻接权人享有的权利范围优于作者。

该公约规定，缔约国要为三种邻接权提供的最低保护期限是至少 20 年。❸

（二）《录音制品公约》

虽然《罗马公约》中赋予录音制品制作者以直接或间接控制录音制品的权利，但由于对未经许可而复制的录音制品的进口和销售未作出规定，而恰恰这两种途径是录音制品制作者实现权利的关键环节，录音制品制作者不能完全实现对录音制品的控制权，录音制品的非法录制现象猖獗。

1971 年，针对违法录音制品的制裁问题，世界知识产权组织和联合国教科文组织召集政府专家委员会并形成了条约草

---

❶ Rome Convention, Oct. 26, 1961, Art. 13.
❷ Rome Convention, Oct. 26, 1961, Art. 15.
❸ Rome Convention, Oct. 26, 1961, Art. 14.

案。1971年10月29日于日内瓦签署了《录音制品公约》。

该公约在很多方面重申了《罗马公约》的规定，如有关录音制品、录音制品制作者的定义、保护期限、履行手续方面的规定没有对《罗马公约》规定的内容作出新的突破。由于该公约是对录音制品的专门公约，因而对涉及录音制品的相关细节问题作出规定。该公约对保护录音制品的条件只采用国籍标准，即制作者必须是缔约国国民或者首次录制地是缔约国。不过作为保护录音制品制作者的专门公约，始终未明确提出"录音制品制作者权"概念，没有对录音制作者赋予专有性的权利，虽然与《罗马公约》相比，录音制作者的禁止性权利在复制行为的基础上增加了进口和销售行为，但是仅提供防御性的保护，实在是一种遗憾。

为了弥补《罗马公约》对成员国设置条件的不足，该公约允许任何国家都可加入，对成员国实行开放式规定。另外，尽管与《罗马公约》相同，对录音制品制作者作出与作者保护相同的权利限制，但是该公约针对《罗马公约》强制许可的含糊条件，明确规定了对录音制品颁发强制许可证的条件。

（三）《关于播放由人造卫星传播载有节目的信号的公约》（简称布鲁塞尔《卫星公约》）

在卫星技术发展以后，与广播有关的人造卫星，有直播卫星和通信卫星之分。直播卫星传送信号时，广播信号通过分配给广播的频率的无线电波传导，由公众直接接收。但是在通信卫星传送信号的情况下，特定的地面广播组织接受信号后再传送给公众。《罗马公约》对"广播"的定义是对直播卫星传播尚可以扩大解释包括在内，但无法包含通信卫星传送信号的情形。而实践中，对于通信卫星传送信号的情形往往依靠特殊的技术性装置就可以轻易地接收到,这对广播组织而言损失很大。另外《罗马公约》对成员国的要求是必须为《伯尔尼公约》或《版权公约》的成员国,导致到20世纪60年代只有为数不多的国家批准加入,卫星传播带来的新问题,仅依靠《罗马公约》无法得以解决。1974年5月21日《卫星公约》最终在布鲁塞尔缔结,公约强调了缔结的目的是防止播送者播送不是提供给它们的、由人造卫星传播的载有节目的信号,以确保卫星通信系统的正常使用。《卫星公约》只有12条,与传统的著作权和邻接权公约存在诸多不同,虽然有实质性条款却未直接保护任何著作权和邻接权。

《卫星公约》首先明确其提供的保护范围是播送载有节目信号的行为,而不是防止信号所包含的内容的传播。也就是说,《卫星公约》保护的是信号本身,不论信号所载的内容是否受著作权或邻接权保护。同时通过对各种信号行为的界定扩大保护的范围,从未经授权的非法拦截或播送信号的行为,扩大到了信号上送到卫星的行为,信号在卫星中存储的行为和卫星向下传输信号的行为。该公约只保护那些通过地面广播组织接收后再播出的信号,而公众直接从卫星接收的情况下不适用。在该公约的拟订过程中,作者利益集团提出,如果广播组织仅通过通信卫星传送信号就享有特殊权利,那么这种权利也应当赋予作者和广播节目的其他制作者。而广播组织则考虑:如果赋予作者和节目的制作者以新的权利,则会对其带来许多不便。在这样的利益权衡下,该公约只是要求缔约国承担采取有效措施防止非法传播的义务,并没有赋予广播组织以特殊权利。❶ 因而虽然广播组织的利益扩展到了通信卫星的信号接收与传送,但是这与邻接权所保护的对象还是有所区别。

(四) TRIPs 协议

20 世纪后半叶以来,随着国际贸易的日益深入,知识产权逐渐成为经济发达国家的贸易工具。随着发展中国家开始参与国际市场的竞争,发展中国家与发达国家之间的知识产权保护水平的差距,成为国际贸易中产生摩擦的主要原因。到 20 世纪 80 年代,这种贸易摩擦开始扩大到著作权和邻接权领域。1994 年通过的 TRIPs 协议即是以贸易的方式来解决各国在知识产权保护中的差异,并且以往对著作权和邻接权的保护由《伯尔尼公约》和《罗马公约》分别规范,通过 TRIPs 协议则将著作权与邻接权融入一个体系中。美国在 TRIPs 协议签订过程中起到很大的推动作用。有学者认为,这是美国自 1984 年以贸易为基础保护知识产权的国内政策在国际知识产权保护中的体现。❷ 虽然协议的内容对邻接权的保护内容未有新的突破,但是 TRIPs 协议对邻接权的重要意义在于,在国际贸易中,邻接权与著作权同样受到了重视。同时在协议中明确要求成员国不仅要按照《伯尔尼公约》的规定给予文学和艺术作品的保护,对录音制品制作者和表演者应赋予同样的保护,意味着邻接权与著作权的地位趋于平等。另外,TRIPs 协议所体现出的加强

---

❶ 王传丽,主编. 国际贸易法——国际知识产权法 [M]. 北京:中国政法大学出版社,2003:112.

❷ [美] 苏珊·K. 塞尔. 私权、公法——知识产权的全球化 [M]. 董刚,周超,译. 北京:中国人民大学出版社,2008:93.

一国司法实施效力,是以往任何一个单一的著作权和邻接权条约所不具备的。❶

TRIPs协议对邻接权的规定很大程度上参照《罗马公约》的内容,但是仍然有了一些变化:对表演者的权利有所限制,体现在对表演的录制限于录制到录音制品上;对录音制品制作者,将计算机软件和电影作品的出租权比照适用于录音制品;对广播组织的公众传播权中取消了对这种传播要求在收取门票的公共场合进行的限制。另外,将表演者和录音制品制作者的权利保护期延长到表演和录制发生后的第50年年终。

(五)《世界知识产权组织表演和录音制品条约》

数字技术的推广使作品出现了新的表现形式和新的利用方式,各国国内立法中出现了新的问题。《伯尔尼公约》和《罗马公约》显然是时过境迁,对于出现的新问题均无法解决。面对网络技术对著作权人和邻接权人权利的冲击,为了解决国际互联网环境下的著作权与邻接权问题,1996年12月日内瓦外交会议上通过了《世界知识产权组织表演和录音制品条约》(WPPT)和《世界知识产权组织版权条约》(WCT)。WPPT针对数字技术的发展,在对表演者和录音制品制作者保护方面起到了里程碑的作用,将《罗马公约》中对表演者和录音制品制作者的保护提升到专有性权利。尤为突出的是,该条约为表演者和录音制品制作者增加了一项可以适用于网络传输的新权利——"提供已固定表演权"和"提供录音制品权",这也表明了各国政府以及国际组织对网络环境下邻接权的重视。

---

❶ [美]保罗·戈尔斯坦(Paul Goldstein).国际版权原则、法律与惯例 [M].王文娟,译.北京:中国劳动社会保障出版社,2003:40.

WPPT 依旧遵循《罗马公约》中对著作权的尊重，对邻接权的保护不影响文学艺术作品著作权的保护。但是 WPPT 针对数字环境下的新变化，相对于《罗马公约》则对邻接权的规定有了更全面的扩展。

第一，WPPT 对传统复制权的内涵进行了扩展，明确以数字形式使用表演和录音制品也构成复制。在 WPPT 及其议定声明的表述中，为了避免提到各国无法达成共识的"暂时复制"概念，而使用了"以数字化形式在电子媒介上的存储"的表达方式。❶ 复制含义在 WPPT 的范围内被广泛地理解。对于《伯尔尼公约》中作者享有以任何方式或采取任何形式复制其受保护的作品的专有权利的规定，WPPT 专家委员会指出，WPPT 中的规定意味着表演者和录音制品制作者享有的复制权与作者没有区别。

第二，WPPT 对《伯尔尼公约》和 TRIPs 协议均未明确的发行权作了规定。关于发行的概念，最早出现在《罗马公约》中，但是并未涉及表演者和录音制品制作者的发行权。WPPT 分别对表演者和录音制品制作者的发行权做出了规定，表演者和录音制品制作者享有授权通过销售或其他所有权转让形式向公众提供其录音制品原件和复制品的专有权。❷ WPPT 中将发行严格限制在狭义的录音制品中，不包括在电影作品或其他音像作品中的录音制品。而且发行的录音制品必须是有形物品投

---

❶ WPPT 第 7、第 11 和第 16 条议定声明："第 7 条和第 11 条所规定的复制权及其中通过第 16 条允许的例外，完全适用于数字环境，尤其是以数字形式使用表演和录音制品的情况。"不言而喻，在电子媒体中以数字形式存储受保护的表演或录音制品，构成这些条款意义下的复制。

❷ WPPT, Dec. 20, 1996, Art. 8, 12.

放流通的规定的复制品，通过网络传播作品的行为不属于发行行为，以此与信息网络传播权相区分。关于发行与复制的关系，WPPT 的理解与传统相同，也认为发行与复制是分不开的。WPPT 明确规定，发行的对象包括作品（制品）复制品和其原件。这与先前有些国家关于发行的规定仅指作品复制品是不同的。WPPT 将向公众提供作品（制品）的方式仅限于所有权的转让，这是一大突破。另外，对于各国争议较大的权利穷尽问题，WPPT 最终选择了妥协，给缔约国在此问题上充分的立法自由。

第三，关于出租权是否包含在发行权中，在一些国家是采用肯定的立法体例，但是 WPPT 出于实际应用的考虑，规定了独立的出租权。出租权只适用于计算机程序、电影作品和录音制品。对表演者的出租权也是限制在严格意义上的录音制品，同样不包括电影作品或其他音像制品中的录音制品。这里的出租权针对的是商业性的出租，向公众出借的行为不在此范围内。针对欧盟某些国家对包括录音制品、文字作品、电影作品等在内的作品出租实行收取版税的制度，WPPT 规定录音制品的出租权可以转化为非自愿许可制度。

第四，WPPT 规定了独立的"信息网络提供权"[1]，明确了邻接权人对网络传播的专有权。

WPPT 为表演者和录音制品制作者规定提供"已固定表演的录音制品"和"录音制品"的权利。[2] 此处强调的是表演者

---

[1] 此处用法采用袁晓爽法官的用法。有著作中认为 WPPT 中规定了"向公众传播权"，实际上是 WCT 中的规定。袁晓爽. 表演者权利研究 [M]. 北京：法律出版社，2010：172.

[2] WPPT, Dec. 20, 1996, Art. 10, 14.

和录音制品制作者提供数字录音制品的形式，使公众在其个人选定的地点和时间获得。这种获得的方式涵盖了交互式传播信息的所有情形。需要说明的是，虽然对表演者、录音制品制作者和作者的网络传播权利已经达成共识，但是体现在立法中，无论是国际保护层面还是国内保护层面，对表演者、录音制品制作者与作者的网络传播权还是刻意进行了区分。WPPT语境下，因网络传播方式的不同，表演者和录音制品制作者的网络传播权利内容有所不同。信息网络提供权对表演者已经固定为录音制品的表演，录音制品制作者的录音制品的专有权只能在交互式传播形式下，而对于非交互式传播的情形下，表演者和录音制品制作者仅享有获取报酬的权利。这种区分也是为了确保邻接权的保护不至于影响著作权的行使。

第五，WPPT对技术措施的相关规定。对技术措施的规定是WPPT为顺应数字技术的发展而增加的内容。在网络环境下利用技术手段侵犯邻接权表现得更为突出。为了防止这一现象的发生，采用恰当的技术保护措施能有效地控制他人对邻接权对象未经许可的使用。但是技术措施的使用实际上是在使用人接触邻接权对象之前添设障碍，这一障碍的设置将合理使用也排除在外，因而如何既保护邻接权人的利益，又能注重与社会公众利益的平衡，是邻接权体系建构中的重要课题。WPPT在技术措施的规定显得比较谨慎，仅要求成员国对"表演者或录音制品制作者为行使本条约所规定的权利而使用的、对就其表演或录音制品进行未经有关表演者或录音制品制作者许可、或未由法律准许的行为加以限制的有效技术措施"提供适当保护。❶ 对技术措施进行保护的立足点建立在促使表演者和录音制品制作者的权利实现，而控制访问的技术措施不在 WPPT 的范围之内。此外对权利措施的具体操作 WPPT 并未作出具体规定，仍需要由各国国内立法来细化。

第六，WPPT 对权利管理信息的义务规定。WPPT 禁止擅自去除或者改变权利管理电子信息，因为这些信息是权利人权利的外在标志，一旦被他人擅自去除或者改变，将直接影响权利人的财产权益，同时也会对社会公众造成混淆，影响作品的正常传播。

第七，WPPT 将权利的保护期统一延长至 50 年。除此以外，该公约将表演者的范围扩大到表演民间文学艺术表达❷的人员。民间文学艺术与文学和艺术作品不同，是某个地区的社会群体在文化领域经过长期传承，不断延展的产物，已经成为传统文化生活的一部分。如果民间文学艺术经过重新演绎创造出新的作品，就不能再被视为民间文学艺术，而成为《伯尔尼公约》保护的文艺或艺术作品。更为重要的是，该公约对表演者规定了归属权与完整权，这是参照与《伯尔尼公约》对作者精神权利的规定，也是国际公约第一次承认表演者的精神权利。同时还赋予表演者在使用录音制品和向公众广播和传播录音制品方面，与录音制品制作者相同的权利。❸ WPPT 对录音制品制作者权的具体问题进行了细致的规定。但与表演者相

---

❶ WPPT, Dec. 20, 1996, Art. 18.

❷ 此处"民间文学艺术表达"的用法参照 [德] 约格·莱茵伯特，[德] 西尔克·冯·莱温斯基. WIPO 因特网条约评注 [M]. 万勇, 相靖, 译. 北京：中国人民大学出版社，2008：323.

❸ WPPT, Dec. 20, 1996, Art. 10, 15.

比，录音制品制作者的权利没有精神权利和对尚未录制的表演的经济权利。

WPPT 关于邻接权新问题的规定较为全面，已经成为各国立法的示范法。2001 年通过的欧盟《关于协调信息社会版权与相关权利指令》中大部分内容采用 WPPT 的规定。《美国数字千年版权法》对技术保护措施和版权管理信息的规定也与 WPPT 的内容相一致（2010 年 7 月美国发布的最新修改结果，包括三个主要免责措施：重新恢复关于手机解锁的免责条款，新增关于智能手机"越狱"的免责规定，以及新增关于在转换型、非商业作品中使用视频片段的免责条款。❶ 对技术保护措施予以了合理限制，鼓励非营利性的合理使用）。

（六）《视听表演北京条约》

2012 年 6 月 26 日，来自 154 个世界知识产权组织成员国和 49 个国际组织的代表们经过紧张讨论、积极磋商，通过资格审查、条款修改等一系列建设性工作，在中国北京成功签署《视听表演北京条约》（Beijing Treaty on Audiovisual Performances，BTAP，简称《北京条约》）。这一条约的缔结，进一步完善了表演者的国际版权保护体系。

作为视听表演者版权保护的国际新条约，《北京条约》赋予了电影等作品的表演者，依法享有许可或禁止他人使用其在表演作品时的形象、动作、声音等一系列表演活动的权利，首次将对表演者的保护延伸至视听录制品中的表演，其规定表演者对视听录制品中的表演享有表明身份权、禁止歪曲权、复制

---

❶ http：//www.ipr.gov.cn/guojiiprarticle/guojiipr/guobiehj/gbhjnews/201007/941716_1.html，[2011-02-01]。

权、发行权和提供权(这一权利在我国被称为"信息网络传播权")。❶ 此后,词曲作者和歌手等声音表演者享有的复制、发行等权利,电影演员等视听作品的表演者也将享有。

《北京条约》对表演者的定义与 WPPT 的规定完全相同,不仅包括作品的表演者,还包括"民间文学艺术表达"的表演者。❷ 不同的是,《北京条约》规定的上述权利针对的是载有表演的视听录制品,而 WPPT 针对的是载有表演的录音制品。

与 WPPT 相比较,《北京条约》对表演者享有的专有权利增加了出租权与广播和向公众传播权的内容,但同时为广播和向公众传播权为条约的缔约方提供了多种选择:"缔约各方可以在向世界知识产权组织总干事交存的通知书中声明,它们将规定一项对于以视听录制品录制的表演直接或间接地用于广播或向公众传播获得合理报酬的权利,以代替本条第(1)款中规定的授权的权利。缔约各方还可以声明,它们将在立法中对行使该项获得合理报酬的权利规定条件。""任何缔约方均可声明其将仅对某些使用情形适用本条第(1)款或第(2)款的规定,或声明其将以某种其他方式对其适用加以限制,或声明其将根本不适用第(1)款和第(2)款的规定。"❸

此外,欧洲经济一体化和欧盟扩张下订立的一系列协调成员国版权法的指令,对两大体系著作权立法的融合起到很大的

---

❶ 王迁.《视听表演北京条约》视野下的著作权法修订[M]. 法商研究,2012(6):26.

❷《视听表演北京条约》第2条(a)项:"表演者"系指演员、歌唱家、音乐家、舞蹈家以及对文学或艺术作品或民间文学艺术表达进行表演、歌唱、演说、朗诵、演奏、表现或以其他方式进行表演的其他人员。

❸《视听表演北京条约》第11条第(2)~(3)款。

推动作用。自1991年以来，欧共体已经公布了7个协调成员国版权立法的指令，具体包括1991年的《计算机软件保护指令》、1992年的《出租权与出借权指令》、1993年《卫星广播与有线转播指令》与《版权与邻接权保护期指令》、1996年的《数据库保护指令》、2001年的《信息社会版权指令》与《追续权指令》。❶尤其近年来，指令所涉及的著权法问题越来越多，欧盟成员国的著作权立法统一趋势增强。

无论是作者权体系国家立法，还是《伯尔尼公约》《罗马公约》《录音制品公约》，都被认为是欧洲大陆法系的产物。在邻接权的保护内容中也融入了作者权体系特有的精神保护内容。随着国际公约的签订，虽然其中仍然蕴含着理论上的碰撞和利益上的对垒，对于表演者、录音制品制作者、广播组织权利内容的规定都反映出国际上尤其是发达国家相关产业利益集团的博弈与妥协，同样也反射出邻接权主体与作者团体的利益较量。既然邻接权国际公约的内容体现出太多的利益考量，不过是利益集团协商妥协的产物，邻接权权利内容的设置并不能按照国内法的基本原则和原理得以合理论证。因而，国际公约不宜作为权利概念追究词源的依据，其对用词的选择往往是各国尤其是经济发达国家利益权衡的结果。然而国际公约的繁荣造成了邻接权理论延伸的中断，邻接权在义无反顾地继续发展着——尤其在与邻接权有关的国际公约演变过程中，邻接权逐渐由非专有性的禁止性权利上升到了专有性的排他权利，不仅邻接权的主体范围得以扩充，权利内容也扩张了。虽然邻接权进入著作权制度时岌岌可危的情形还历历在目，但是在国际贸

---

❶ 李明德，等．欧盟知识产权法［M］．北京：法律出版社，2010：149.

易的催化下,邻接权依然保持蓬勃发展之势。

二、国际公约对邻接权国内立法的影响

邻接权观念的演变过程是比较缓慢的,最初提出这项原理是为了填补由严苛的作者权理论所造成的空隙,到后来却成为保护主义故意编织的一个谎言。❶ 在签订国际公约的协商过程中,经济上占主导的创始成员国往往会通过国际条约的条款设定传递本国的国内法精神,虽然国际公约对各成员国国内不具有直接适用的效力,但是它可以通过要求成员国履行相关义务迫使其修改国内立法。这对后来参加国际公约的新成员国来说,在维护本国国家利益的驱使下,则意味着要改变本国立法。随着全球经济发展和政治局势的变化,国际公约的内容不再是由少数的几个国家所能决定的。这种形势下,最初的主导国如果要顺应国际公约内容的变化,则要随之调整其国内法。英国在版权方面的立法过程就是一个例证。在我国,由于知识产权立法起步较晚,为了在知识产权国际贸易中取得平等的交易地位,只能顺应国际公约的要求。这导致我国学者逐渐形成了论证问题必先寻求国际公约印证的习惯,而缺少对邻接权发展源流的必要关注。如果仅根据国际公约的规定来调整国内立法,不考虑本国的理论发展,则会出现逾淮为枳的现象。

(一)作者权体系下的各国邻接权立法

1. 德国的邻接权立法

德国邻接权立法与其著作权立法所采用的传统有密切关

---

❶ [美]保罗·戈斯汀. 著作权之道[M]. 金海军,译. 北京:北京大学出版社,2008:158.

系。德国在著作权立法中始终坚持建立在自然法基础上的作者权一元论。一元论主张作者在作品上的精神权利与财产权利的一体化，不能分割转让，最多只能被许可使用。德国宪法为著作权人的经济权利和精神权利提供了直接的支持。德国邻接权立法是在坚持作者权本位、作者与邻接权人行为相区分的基础上，认为邻接权与著作权相互区别，但由于邻接权人在经济文化生活中与作者的权利有密切关系，故而应纳入著作权法律体系进行保护。

德国著作权法最早对表演者权利作出规定，虽然最初是将表演视为改编行为，与后来形成的邻接权制度不相符合，但通过对表演者的保护，以表演者权利为纽带实现了对电影、音像制品制作者甚至是广播组织的保护，为邻接权制度的形成奠定了基础。1910年《德国文学和音乐作品保护法》第2条第2款规定，个人表演通过机械复制的方式录制在录音制品上的，表演者是改编者，其成果作为改编作品保护。录音制品制作者则是通过表演者转让权利的方式获得了复制、无线广播以及向公众传播的权利。在这方面，《罗马公约》以及欧洲许多国家的邻接权立法都明显受到了德国法的影响。

严格的作者权传统并没有影响德国紧跟国际公约的步伐，对新技术所带来的新的权利要求，德国立法者显示出很强的调试能力。1965年德国根据《罗马公约》修订著作权法时，确定了表演者、录音制品制作者、广播组织等邻接权和作者权的区分。在这以后，德国邻接权立法紧跟《录音制品公约》、《卫星公约》、TRIPs协议、WPPT以及欧盟指令的内容逐渐加大邻接权的保护范围。直到2003年《德国著作权法与邻接权法》对邻接权作出了更具体细致的规定——除了国际公约规定的内容以外,还对科学版本、达不到摄影作品要求的一般照片、非独创性数据库、遗著和不能作为电影作品受到保护的连续图像或连续音像提供邻接权保护。

(1)表演者。根据现行《德国著作权法与邻接权法》,表演者不限于表演作品的人。德国在表演的"作品"上要求是必须符合作品的条件,即使是已经过了保护期限而进入公共领域的情形,而将不构成作品的马戏、杂技等排除在保护范围之外。除此以外,德国的表演者范畴超过了《罗马公约》的保护范围,表演民间文学艺术的人及参与组织表演活动的人都可以成为表演者。

表演者享有署名权,禁止歪曲、篡改表演的精神权利,但表演者的精神权利是有期限限制的——一般为表演者终身,但当表演者表演后未满50年即去世的,则精神权利的保护期限是从表演开始起50年。表演者享有的财产权利为:对其表演的录制权;对载有表演活动的音像制品的复制、发行权;对表演活动的公开再现权(包括广播、向公众传播、有线播放);录有表演的音像制品出租和出借时的报酬请求权、二次播放的报酬请求权。其中以有线播放的形式播放表演的权利必须通过著作权集体管理组织进行。表演者的权利是可以转让的,虽然报酬请求权只能转让给德国著作权集体管理组织,但是与作者享有的权利相比,其享有较多的灵活性。

(2)唱片制作者。德国对于唱片制作者的保护,与其参加的国际公约保持一致,认为唱片制作者录制的唱片不限于对表演的录制,对大自然的动植物等声音的录制也有权获得邻接权的保护。并且由于认为唱片制作者享有邻接权是因为在制作唱片过程中对技术和经济方面的投入,因此唱片制作者的邻接权仅产生于第一次录制行为。对于对既存唱片的复制行为则由反不正当竞争法予以规制。

　　唱片制作者享有复制、发行、出租、向公众播放其制作的唱片的权利以及对唱片公开出借的报酬请求权。对于唱片的二次使用，唱片制作者只对经过表演的录制享有要求分配报酬的权利，具体的分配方式由相关集体管理组织来处理。虽然对于私人转录以及对唱片的数字化撷取行为的合理使用认定属于对邻接权的限制，但德国唱片制作者享有对播放传播设备和空白磁带的著作权补偿金请求权。

　　（3）播放企业。在德国，对播放企业实现双轨制，公共性质的播放企业对其大量资金投入制作的节目进行播放可以通过1996年颁布的《德国电信法》对某些如经营播放设施的行为或者非法使用接受设备接收信号的行为进行规制。用户们将自己的接收设备到相应的广电部门登记，公共播放企业按照国家广播电视收费合同通过共同的收费中心收取接收费用。私人播放企业不能按照公共事务法的规定得到保护，只有在某些例外情况下才能分享广播电视费用。因而那种认为通过扩大邻接权的对象来保护广播企业的资金投入，实在是对邻接权赋予了太多的功能。

　　《德国著作权法与邻接权法》（2003年）按照《罗马公约》的规定为播放企业赋予邻接权从而提供私法上的保护。但这种权利的赋予需要满足一定的条件，并不是对播放企业的所有投入都进行保护。只有那些将节目向公众播放并且给予监控以及担负责任的播放企业，才能享有邻接权，如果仅仅是将节目进行技术上的执行，也就是仅依靠设备将节目播放出去的企业，并不能享有邻接权。❶ 根据《德国著作权法与邻接权法》的规定，播放企业可以禁止他人转播，禁止他人将自己播放的节目录制到音像制品上、从播放的节目中制造某些图片以及对这些音像制品或者图片进行复制与发行的行为，但出租行为除外。播放企业还有权禁止在公众支付入场费方可进入的场所的公开传播行为。另外，为了方便信息的传播，《德国著作权法与邻接权法》对广播企业和有线播放企业规定了强制缔约义务，这种强制义务也适用于广播企业从第三人那里获得的相关播放权。

德国的邻接权立法采用在著作权法中单列一章，邻接权立法中并未完全遵守作者权传统的基本原则，对于不具备作品构成条件的某些智力成果也纳入邻接权保护范畴，对此张恩民教授也表示"单纯就表演、唱片制作、播放等行为作出规定，在体系上不够严谨，不符合大陆法系严整化的要求"❷。

2. 法国的邻接权立法

法国对知识产权方面的立法一直未表现出积极的态度。在1957年通过《法国文学、艺术产权法》之前，法国作者的权利保护主要是依据1791年和1793年两个法令，赋予作者作品表演权和专有复制权。其间，由于新技术的出现，这两项法令均做出过细小的修改。除了对软件的保护采取了类似美国的做法以外，法国著作权法首先尊重自己的作者权法律传统，赋予作者（只能是自然人）很高的地位。

---

❶ [德] M. 雷炳德. 著作权法 [M]. 张恩民，译. 北京：法律出版社，2005：517.

❷ [德] M. 雷炳德. 著作权法 [M]. 张恩民，译. 北京：法律出版社，2005：15.

对于邻接权制度，法国政府直到 1985 年才通过《关于作者权和表演者、音像制品制作者、视听传播企业的权利的法律》，在 1987 年被批准加入《罗马公约》之后，于 1992 年编纂《法国知识产权法典》，其时邻接权作为第一部分文学和艺术产权的第二卷。之后，法国又根据欧盟指令和 TRIPs 协议、WIPO（世界产权组织）的互联网条约进一步修改完善了法律，真正实现了著作权法的现代化。但是随着法国遵照 TRIPs、WCT、WPPT、欧盟数据库保护指令等对本国著作权法进行修改，法国法原本所遵从的作者权本位、天赋人权思想逐渐让位于实用主义。法国最初对作品的保护采取了保护作者权的方式，这些观念在实践中逐渐演变，著作权制度的主要目的渐渐倾向于满足著作权贸易中各种交易对象的利益。但是对数据库制作者、体育比赛组织者以及与作者权有关的集成电路布图设计的保护，法国并未采用邻接权模式，而是单列保护。在邻接权范畴的取舍方面法国仍秉承着一定的原则。

（1）表演者。法国法院和立法者最初并不认为表演者的行为应享有著作权上的权利，因而在新技术引起法国表演者失业和经济利益受损失时，法国演员和其他职业团体首先得到的是劳动和社会保障方面的措施而不是赋予其专有性的权利。法国政府采取的是让表演者根据劳动法取得适当补偿，并且推动表演者建立集体管理组织。❶ 直到 1957 年著作权法规定视听作品的著作权以后，表演者才得以作为合作作者之一取得对视听作

---

❶ See Pierre Chesnais. Copyright Law France. In：Stephen M. Stewart，International Copyright and Neighboring Rrights［M］. Butterworth & Co. （Publishers）Ltd.，1989（Second edtion）：373－399.

品的著作权。

法国将表演者区分为主表演者和辅助表演者。享有邻接权的是主表演者（并且只能是自然人），他们是经过官方登记、与雇主签订劳动合同并且组织表演的人。主表演者的邻接权内容分为精神权利和财产权利。在财产权中，规定了表演者对其表演有固定、复制、向公众传播表演的权利。但是同时赋予表演者对二次使用录音制品的报酬请求权，由表演者和录音制作者均分，并对表演者将表演的使用权转让给视听制品制作者规定为"法定转让"。而被组织参与表演的人是辅助表演者，辅助表演者根据合同和劳动法的规定享有权利。法国对"表演"的界定亦规定包括对文学艺术作品、杂耍、马戏和木偶剧的表演，不限于对作品的表演。

（2）录音制品制作者。法国立法者最初将录音制品制作者视同出版者，并不提供专门的保护。1957年法国著作权法也不保护录音制品，录音制品制作者不能像视听作品制作者那样根据"法定转让"规则自动取得录音制品中的作品或者表演的使用权，只能通过单个许可合同或者与相关团体签订格式合同的方法来制作录音制品。在法国未参加《罗马公约》之前，法国主要是根据《巴黎公约》和《录音制品公约》采用反不正当竞争法等来保护录音制品。但是面对新技术产生的私人复制问题，反不正当竞争法的证明规则无法满足录音制品制作者的利益保护需要。在1985年的著作权法中，法国对录音、录像制品制作者均提供了保护。录音、录像制品制作者，无论是自然人还是法人，对其制作的录音录像制品享有复制、销售或交换以供公众之需、向公众传播的专有权以及二次使用的报酬请求权。另外，根据法国参加的国际公约和欧盟指令，法国还对录音制品制作者予以出租权的保护。

（3）视听传播企业（广播组织）。1985年之前的法国法称广播组织为视听传播企业。1957年法国著作权法规定，广播组织的节目如果构成文学艺术作品或者视听作品，可以根据相应的合作作品规则获得作者权保护。1985年著作权法增加了广播组织的无线广播权，即"复制、销售、交换或出租以供公众之需、远程播放机在需支付入场费的公众场所向公众传播视听传播企业的节目，应征得其制作者的许可"。之后，根据《罗马公约》《卫星公约》、TRIPs协议、欧盟指令等，法国又增加了广播组织的卫星播放及有线播放的权利。

从法国邻接权立法的过程可以看出，在WIPO邻接权公约的完善和欧盟著作权立法一体化步伐加快的带动下，法国邻接权立法紧随其后。从1957年著作权法之前严格秉承浪漫主义作者观，对邻接权立法持非常谨慎态度，到1985年邻接权立法的大踏步前进——为了维护邻接权相关产业的竞争力，法国立法显示出实用主义的立场。

3. 日本的邻接权立法

20世纪初，录音录像技术的兴起，同样引起了日本表演者和录音制品制作者的保护需求。受"桃中轩云右卫门事件"的影响，1920年日本著作权法修订时，先确认了表演者对其演奏、歌唱享有与文学艺术作品的作者权一样的权利，但用录音设备录制他人著作物（包括演奏和歌唱）被视为侵权的伪作。在1934年再次修订著作权法时，录音唱片被认定为合法的作品。此种保护路径与德国著作权法对表演和录音制品的保护相类似。到1970年日本制定新著作权法时，虽然尚未加入《罗马公约》，但是仍根据《罗马公约》关于邻接权制度的规定，将表演者、录音制品制作者和广播组织规定为邻接权。

日本最先加入的邻接权国际公约是《录音制品公约》,于1972年4月21日签署,1978年10月生效。有关复制权,当初仅限于以散布为目的的复制,但在1992年著作权法修订时修改为"权利不及于专门以放送或有线放送为目的将录音物复制之旨"❶,这一规定也在加入TRIPs协议以后废止。根据TRIPs协议,日本著作权法对于商业用录音物的二次使用报酬请求权,也不在保护之列。1996年,日本加入WCT和WPPT以后又陆续修法,在公开传播权,禁止规避技术保护措施和禁止变更权利管理信息以及表演者的人格权、表演、录音物的保护、二次使用报酬请求权、出租权等方面作出对应的修改。

日本著作权法与国家的现代化目标紧密相关。21世纪以来,日本为走出经济低迷的困境,对知识产权的重视程度非常高,将之作为立国战略之一。为了推动文化产业的发展,顺应信息技术的进步,日本的著作权立法和修法非常频繁。自2003年至2009年7年间,日本修法达13次之多。日本著作权法修改,融合了作者权传统和版权传统,曾经像德国那样将表演者的表演作为作品保护,对唱片则像英美那样赋予作品地位;同时其与国际公约追随紧密,对《罗马公约》、TRIPs协议、WPPT的反应极为迅速。因此日本邻接权立法体现出了高度的实用主义倾向。

(1)表演者。日本的表演者范围较为广泛,包括演员、演奏者、歌唱者和其他表演的人。表演也不限于对作品的表演。

---

❶ 李湘云. 著作邻接权制度之研究——以日本著作邻接权制度为研究经纬[D]. 中原大学财经法律学系硕士学位论文, 2004.

为了适应 WPPT 的规定，日本的立法增加了表演者的精神权利，包括署名权和保持完整权（不得篡改、割裂或进行其他修改以有损表演人的声誉）。表演者的财产权包括对现场表演的录音录像、无线播放和有线播放以及可被传输权（making transmittable），对已经录制成录音制品的表演具有复制权、转让权、出租权和可被传输权，对无线和有线播放录音制品有二次使用的报酬请求权、录制品出租后的报酬分享请求权。

（2）录音制品制作者。在日本，录音制品制作者是指将声音首次录制在唱片上的人。录音制品制作者的权利包括复制权、转让权、出租权、可被传输权，对于无线和有线广播使用其制作的录音制品有二次使用的报酬请求权。

（3）广播组织。日本著作权法遵循国际上的做法，将广播组织区分为广播组织和有线广播组织。日本著作权法是世界上最早规定有线广播组织的邻接权的国家，因而日本对互联网的交互式传播问题可以及早地规范。广播组织的权利包括对其节目的有线和无线转播权、复制其广播节目的权利以及可被传输权。另外日本还规定了对球赛等节目的电视公开传播权，即享有接收电视广播或通过接收电视广播再进行的有线广播、并使用放大影像的专门设备将其公开传播权。

（二）版权体系下的各国相关立法

1. 英国的相关立法

在英国，版权从创立之初就被视为一种特殊的财产权，不像作者权传统那样注重作者的精神因素和人格属性，因而英国版权法对邻接权所调整的对象进行保护完全没有障碍。英国没有专门的邻接权制度。在英国，"related rights" 既包含作者权传统国家的邻接权内涵，还包含 1988 年版权法典之外的与版权有关的权利，如数据库制作者权利、公共借阅权等。

20世纪50年代初，在《伯尔尼公约》的压力下，英国开始着手修改版权法，并于1956年通过了新的版权法，将电影作为单独的作品类型加以保护，并对广播组织的广播也提供了版权保护。但与技术发展的境况相比，1956年的英国版权法仍然较为保守，为此，英国于1973年开始着手修改1956年版权法。经过长达15年的调查、辩论，英国对人类"智力创作成果"进行了大范围的调整、统合，于1988年制定了统一的《英国版权、外观设计与专利法》（the Copyright, Designs and Patents Act 1988, CDPA）。英国在版权立法方面体现出的谨慎态度值得深思。CDPA除因应新技术的挑战外，还首次对作者的精神权利作了规定。由于是欧盟组织的成员，英国版权法开始注重与作者权体系相融合。2003年，为了执行《欧盟著作权和相关权指令》，出台《英国版权与相关权法令》，对1988年版权法进行修改。

（1）表演者。在英国，真正对表演者进行版权意义上的保护是1988年《英国版权、外观设计与专利法》，该法赋予了表演者录制其现场表演的专有权和禁止录制载有其现场表演的有线和无线广播节目的权利，这些权利不得转让，即属于"非财产权"（non-property rights）。1992年根据欧盟出租权的指令，英国立法赋予表演者出租权和出借权的专有权利，给予表演者在出租和出借方面较高的保护水平。"二次使用补偿权"（包括机械表演权和出租权两种情形），并规定后者只能通过

集团管理组织行使。❶

（2）录音制品制作者。1911年英国版权法将录音制品当作音乐作品保护，并赋予录音制品机械录制和公开表演权，不同的是其保护期限是自首次制作录音制品之日起50年。随后法院判例改变了这一做法。1988年《英国版权、外观设计与专利法》确认了录音制品不同于音乐作品，赋予录音制品和电影作品制作者出租权。

（3）广播组织。1956年版权法中广播节目是作为一类法人作品进行保护，1988年《英国版权、外观设计与专利法》中对自然人作品和法人作品不作区分，明确规定有线广播节目属于作品，制作广播、播送作品，或将作品收入广播的节目传输人及任何提供节目并与传输人一同对传输做必要安排的人要对节目内容负责任。广播组织对广播节目的版权与其他作者对其作品的权利相同。

2. 美国的相关立法

在建国早期，美国虽然在宪法中为版权保护提供了法律渊源，但是对版权的保护并不是很重视。版权行业在国家经济中的地位影响着国家的版权立法。1886年《伯尔尼公约》签署生效时，法国、德国和英国均属于创始成员国，当时美国仅以观察员的身份参加了伯尔尼会议。美国早期的经济发展状况，使得它拒绝以任何条件对外国文学作品给予著作权保护。根据美国法律规定，重印外国作品是完全合法的，没有在美国居住的作者创作的作品不予提供版权保护。与此同时，若干欧洲国

---

❶ See Lionel Bently and Brand Sherman. Intellectual Property Law ［M］. New York, Oxford University Press. 2001：295 – 297.

家却正在从互惠原则走向更为有效的"国民待遇"原则,国民待遇要求每一个签订条约的国家承担义务,保护条约全部成员国国民的作品,保护条件与其保护本国国民的相同。国民待遇原则更加剧了版权国际保护标准的趋同。

第二次世界大战以后,美国国力迅速提升,成为引领世界经济发展的国家。美国从以前的作品输入国逐渐变为主要出口国。美国没有加入《伯尔尼公约》的现实严重阻碍了其与其他国家的知识产权贸易。由于没有加入版权保护的国际公约,美国在版权的国际保护方面缺乏足够的影响力,为了改变这种局面,尽可能地照顾国内相关利益群体,美国开始考虑在《伯尔尼公约》之外另建一个版权保护的国际条约体系。1947年,美国通过联合国教科文组织发起各国签署《世界版权组织公约》(Universal Copyright Convention, UCC)。该公约于1952年9月签订,主要是为了迎合美国的现有版权制度,它不要求自动保护、保护期较短等,这使其保护水平明显低于《伯尔尼公约》。在此后的30多年里,美国作品的多边保护都依赖该公约。

但是低水平保护的《世界版权组织公约》未能吸引更多的《伯尔尼公约》成员国,《世界版权组织公约》的影响力远不如《伯尔尼公约》。随着美国输出作品越来越多,版权保护标准不统一情形下的贸易不平衡引起美国国内相关利益群体的不满。在利益团体的要求下,1976年美国政府对应《伯尔尼公约》的版权最低保护标准对版权法作了修订,从而为加入《伯尔尼公约》作了立法上的准备。1998年为了将WCT和WPPT的内容纳入美国版权法,美国国会通过了《美国数字千年版权法》(Digital Millennium Copyright Act of 1998, DMCA)。

美国在积极推动版权保护的同时，由于过于重视国内利益集团的利益协调，对国际公约的加入不是很积极，国内立法上与国家公约仍存在着差别，尤其是邻接权方面的立法，至今没有系统规定，散见于版权法、反不正当竞争法、通信法以及联邦和州法院的判例中。❶

（1）表演者。美国对表演者的权利保护源于1937年费城最高院对 Waring v. WDAS Broadcasting Inc. 一案的判决。该判例确立了录制在录音制品上的表演与音乐作品一样都具有独创性，是一种作品，应当受版权法保护。但是美国对表演者的权利保护在立法上体现得很有限。在数字技术和互联网的发展对唱片公司和表演者的利益带来巨大损失的压力之下，1992年美国国会通过《美国家庭录音法》作为美国版权法的第10章，其中对表演者的经济权利首次予以明确规定。随后，为了履行TRIPs协议的义务，美国在版权法中增加第11章，专门规定了表演者对非法录制的权利。1998年又对《美国家庭录音法》所涉及的表演者权利作出修正。现行《美国版权法》第1101条a项（1）规定，未经表演者同意将现场音乐表演的声音或者声音和图像固定于复制品或者录音制品上，或者从上述未经授权的复制品或者录音制品上复制表演的任何人应当承担第502~505条所规定与版权侵权相同的民事责任。❷ 由于未对相关术语作出解释，对表演者的权利保护无法据此进行规范化的操作。《美国版权法》第1101条a项（3）仅对未经表演者许

---

❶ See Barbara Ringer and Hamish Sandison. Copyright of the United States of America, In: Stephen M. Stewart, International Copyright and Neighboring Rights [M]. Butterworth & Co. (Publishers) Ltd., 1989 (Second edition): 560–565.

❷ 17U. S. C. §1101 (a) (1) (2002).

可而固定的表演的复制品以及录音制品的出租以及许诺出租作出规定，但对于合法制作的复制品表演者是否享有出租权未曾涉及。❶

（2）录音制品制作者。1971 年以前，由于受到版权作品的权利人以及电影制作人和广播组织的阻碍，美国仅通过判例、州法以及采用普通法的反不正当竞争法来保护录音制品制作者的利益。20 世纪 60 年代以后，由于《罗马公约》等国际公约的示范作用以及美国国内录音制品盗版现象猖獗，1971 年版权法修正案确立了录音制品是一类独立的作品，但不包括电影或其他视听作品中的录音制品，并且对录音制品制作者只赋予复制、发行和演绎权，没有表演权和展览权。1976 年版权法制定以后，美国对录音制品的保护随着国际版权保护形势的变化而作出修改——根据 TRIPs 协议的规定增加了录音制品制作者出租、许诺出租等权利；对录音制品制作者则规定了与 WPPT 相一致的权利：只承认录音制品制作者对互动式网络传播录音制品的行为享有专有性权利，对网播录音制品的行为只享有获取报酬权。

（3）广播组织。由于美国广播电视组织在国内处于强势地位，广播电视市场高度集中，广播组织凭借合理使用或法定许可使用方式使用作品和录音制品，因而美国版权法至今未对广播节目信号的保护作出规定。依据 1934 年美国联邦通讯法案以及判例法，广播组织对其广播节目信号享有以下权利：禁止转播、未经许可不得接收和转接收、未经许可不得出售用于解码广播节目的设备等。但是对于有线广播、微波、卫星转播、

---

❶ 17U.S.C. §1101（a）（3）（2002）.

网播以及对广播节目的录制和复制等，广播组织目前尚不能从法律中直接得到保护。❶

　　法、德、日和英、美五国邻接权（相关权）立法基本上代表了两大著作权传统对邻接权制度的认识。从五国邻接权（相关权）立法过程中可以发现，随着著作权法律制度一体化的深化以及邻接权国际保护的推进，邻接权的保护体制逐渐改写了各国抵制邻接权的历史。尽管各国国情有所不同，在较强的利益衡量下，各国立法中对原有依存的法律原则均有所取舍，然而对邻接权（相关权）的保护没有实质不同。邻接权国际公约在事实上也吸收了各国对相关主体利益的处理方式以及国际贸易习惯，这实际上使相关利益集团得以借助邻接权之名自由调整相关的利益关系。邻接权国际公约和各国国内立法之间相互影响，也正因为这种关系使邻接权制度在逻辑上无法获得圆满的解释，影响了理论上邻接权本质的把握。各国国际贸易发展的需要，更加剧了邻接权的繁荣，张扬了邻接权的工具主义。而国际公约的内容也在不断发生着演变：从受制于作者权传统的《罗马公约》与《伯尔尼公约》相并立，宣示着著作权与邻接权的分立，到 TRIPs 协议将著作权保护和邻接权保护融为一体，WIPO 有关条约改变了《罗马公约》的做法，邻接权逐渐融入著作权制度中。随着这些邻接权条约得到越来越多的国家承认和批准，国际邻接权保护制度出现高度融合，邻接权与著作权的等同性也越来越明显。

---

❶ See Barbara Ringer and Hamish Sandison，Copyright of the United States of America. In：Stephen M. Stewart，International Copyright and Neighboring Rights ［M］. Butterworth & Co. （Publishers） Ltd.，1989（Second edtion）：678.

第四节　本章小结

录音技术、有线传播技术相继在很多国家出现，而且时间间隔并不是很大，为何邻接权概念的产生在不同国家的境遇迥然不同？尤其在某些国家邻接权保护的对象并不是技术发展的产物，如德国的科学版式、照片和遗著的保护等。如此看来，新的传播技术的发展并非是产生邻接权概念的决定性因素。新技术的出现，首先应是技术的发明者享有知识产权意义上的利益保护，传播技术的发展赋予作品新的使用方式或存在方式，与此对应的是作者的版权扩张。可见，调整新技术带来的新的利益关系不是产生邻接权的唯一依据。所有的私法都是调整利益分配的工具，邻接权在产生之初是利益衡量的产物，但其要在著作权体系中立足，则要论证自身的正当性和利益分配的合理性，那么表演者、录音制品制作者、广播组织的利益保护根源应当是其行为本身符合著作权法体系的价值判断。否则法律成了无序可言的制度。纵然是为了利益分配的需要而创设邻接权概念，如果理论上不解决邻接权的正当性，不深究其利益分配的合理性，也不利于著作权自身体系的完善和邻接权制度效用的最大化。

邻接权作为法律概念仅产生于作者权体系国家，版权体系国家并没有采用，而邻接权所保护的利益关系，在所有国家均存在。法律概念的形成与各个国家的法律文化有密切的关系，对邻接权的产生起到决定作用的则是著作权理念发展过程中所形成的各国法律文化。两大法系对邻接权所辖范围内的利益关系进行保护所依据的立法初衷原本不同，但最终在国际贸易的趋势下，在国际公约的统一协调下，对相同的利益群体采用不同的立法技术却实施了相同的保护内容。按照作者权体系的理念，艺术创作者及其艺术作品之间具有不可分割的个人联系，这种联系产生了特定的权利，比如权利的来源以及保护作品的完整权。因而只有自然人作者可以创作作品，并且由此享有精神权利和经济权利。依循这个逻辑，表演者、录音制品制作者和广播组织的权利难以纳入"著作权"的权利范围。版权体系是将版权作为经济权利，强调对作品的利用，对作品独创性的要求并不高。由此出发，表演和录音制品制作过程中同样会有选择、编排等"创作"活动的存在。与此相对应，表演者和录音制品制作者的成果都可以形成版权意义上的"作品"。但二者之间对广播组织广播信号的保护出现分歧。版权体系仍然从作品的利用入手，对广播内容——作品的版权所有人赋予在发生广播信号盗版时主张的权利，以此达到保护广播信号的目的，版权体系中广播组织并未因此享有版权意义上的权利。在作者权体系中却对广播组织赋予邻接权。显然在邻接权方面的立法，作者权体系则显得比较激进。

面对不同体系国家纷繁复杂的立法例，是否说明邻接权本身就是一个具有多样性而无统一性的体系。康德认为，体系就是"杂多知识在一个理念之下的统一性，这个理念就是有关一个整体的形式的理性概念，只要通过这个概念无论是杂多东西的范围还是各部分相互之间的位置都先天地得到规定"。❶ 萨维尼却认为这是一种不忠实的研究，因为研究者过度地被任意

---

❶ [德] 康德. 纯粹理性批判 [M]. 杨祖陶，邓晓芒，译. 北京：人民出版社，2004：629.

者所引导，这种做法的结果就是在体系的掩盖下间接地背离法律。体系化必须基于历史性的积极作为，体系必须是实证法的哲学。❶ 历史是通往对于我们自身情势的真正知识的唯一途径。由于邻接权概念出现在著作权法律制度中，本书还是回到著作权理念产生之初，希望能在著作权理念产生的过程中找到探求邻接权本质的契合点。

---

❶ [德] 维亚克尔. 近代私法史 [M]. 陈爱娥，黄建辉，译. 上海：生活·读书·新知三联书店，2006：363.

第三章 历史的推衍：版权理念产生和发展史启示*

第一节 在现代版权理念产生的历史甬道中

卡多佐曾经指出："某些法律概念的研究之所以有它现在的形式，这几乎完全归功于历史，除了将它视为历史的产物外，我们便无法理解它们。"❶ 萨维尼也认为，将整个法学本身视为法律史是对法学最有价值的理解。独立的法律史研究通过光明和黑暗的不同分配而与所有其他法学研究区分开来。❷ 这也是历史学派的核心主张之一。但萨维尼的历史观不同于实用主义的历史观。实用主义历史观将历史认为是一种"道德—政治的事例汇集"，历史可以对理性所提出的结论予以证明，但理性外在于历史，历史可以用以论证理性的结论。对萨维尼而言，历史本身就蕴含着理性，历史可以在自身中产生真理，人们只能通过历史的探求找到真理，"所有历史生产者都是

---

* 版权理念首先出现在版权体系国家，顺应历史，本章采用"版权"的称谓。

❶ 本杰明·卡多佐. 司法过程的性质[M]. 苏力, 译. 北京：商务印书馆, 1998：31.

❷ 朱虎. 法律关系与私法体系——以萨维尼为中心的研究[M]. 北京：中国法制出版社, 2010：4.

'必要的'并且其自身就包含着理性"。❶ 历史是通往认知我们自身情势的真正知识的唯一途径。邻接权概念产生于著作权扩张的过程中，各国著作权从产生到发展形成的法律理念对邻接权概念的形成有着重要影响。邻接权保护的对象在版权体系国家则是作为作品来保护，在这些国家邻接权与版权没有本质的差别，只有因作品类型不同，保护程度的差异。因而，要研究邻接权的本质是什么，邻接权融入著作权体系是否具有正当性，有必要将视角转向版权产生与发展的历史甬道中。

就其起源而言，版权主要是为了保障作者生存条件而确立的保护规则。版权制度的出现离不开印刷技术的发展，但是从1450年古登堡活字印刷术的推广，到1710年英国安妮女王法的制定，现代版权制度比活字印刷术的出现晚了两个多世纪。况且，最早的活字印刷术出现在中国，但是中国却不是现代版权出现最早的国家。现代版权理念的产生有赖于多种条件，在这漫长的历史进程中，应有更多值得探讨的问题。

一、版权的前身以印刷特权形式出现

1450年，德国人古登堡进行的金属活字印刷技术获得成功。这一技术的出现顺应了教会传播教义的需要，在活字印刷推行初期，教会大范围地印制发行《圣经》，对活字印刷技术给予大力支持和资助。

1469年，一位名叫约翰（John of Spira）的人将印刷术引

---

❶ [德] 米夏埃尔·马廷内克. 佛力德里希·卡尔·冯·萨维尼 [C] //田士永，译. 郑永流，主编. 法哲学与法社会学论丛. 北京：北京大学出版社，2006：282.

入威尼斯时，为了表彰并鼓励引进新工业技术的行为，他获得了由威尼斯授予的为期5年的印刷特权，这被认为是西方第一个由统治者政权授予的印刷特权。

威尼斯授予印刷特权的做法很快在欧洲为其他国家所效仿。其实许可制度早在活字印刷之前就已存在，统治者通过控制书籍的印刷来加强自己的统治，而活字印刷技术使书籍的传播变得快速及广泛，对统治者来说这产生了积极和消极的作用，无论如何，统治者对活字印刷术都非常重视。从各国的印刷特权历史来看，自印刷业产生以来，政治权力就没有离开过其左右，这是国家经济运作的需要。出版商则在此过程中，为了维护经济投入以及由此带来利益，一直在依附着政治权力实现自己的经济目的。

不过在英国，虽然对于英国版权法的史前发展同样伴随着印刷特权的演变，却首先发展出现代的版权理念。因此，分析英国现代版权制度如何在出版业的特权制度中诞生具有典型意义。

印刷技术来到英格兰是在1476年，当时的英格兰政府鼓励书籍交易，吸引印刷商和书商来到英格兰，但同时又对书籍交易进行管制，对经过挑选的印刷商特许一种权力。这样的做法既换取了书商们在政治上的忠诚，又很方便地控制书籍贸易。1557年，菲利浦和玛丽给合并后的英国书商公会（Stationers Company）❶颁发特许证，赋予其在英格兰对印刷和出版持续150年的绝对垄断。为了限制印刷商、装订商和销售商的数量，只有书商公会的会员才能获得许可经营印刷厂。英国书

---

❶ 易建雄. 技术发展与版权扩张［M］. 北京：法律出版社，2009：13.

商公会设有一个登记处，书商公会会员可以在登记处的保护下相互转让这种经营权。1566年，英国颁布历史上第一个规制印刷出版业的《星室法院法令》（*Star Chamber Decree*）。该法令禁止违反法令、法规、禁令、印刷特权及条例的书籍的印刷或进口，赋予书商公会的监察或由监察指定的任2名公会成员以广泛的搜查权力。凭借星室法院的支持，书商公会极大地强化了其在印刷出版业的垄断地位。授予特权的并不局限于出版商，16世纪中期以后对书稿的拥有者，进而对作者或其他编纂者授予特权的方式逐渐增多。但是英国法律保护的重心仍然是书商公会成员的经济权利，作者的权利被忽视。文学商品化过程中，印刷商、出版商和销售商成为真正的受益者，作者在作品流通中利益分配的主体地位尚未确立。

随着英国印刷业的发展，从事印刷业的人越来越多，书商公会的特权制度造成行业内的利益分配严重不均，在非特权印刷商强烈抗议下，1601年伊丽莎白被迫废除了垄断性授权。书商公会当然不会忍受就此失去印刷特权，于是围绕着印刷特权的利益斡旋历程就开始了。经过书商公会的不懈努力，在废除了王室授权以后，通过书籍印刷和出版审查结合在一起的方式，书商公会将非特权书籍的印刷专有权收入囊中。1637年的《星室法院法令》规定，所有的书籍在印刷出版前须经审查，而且须到书商公会进行登记。这样书商公会几乎垄断了整个印刷出版业，也攫取到了高额垄断利润。

英国现代版权理念的产生，并不是其印刷特权集团软弱的结果，在利益面前，英国书商公会曾显示出极强的韧性，虽然几经沉浮，书商公会还是尽可能地维护自己的利益。在这个过程中，英国的印刷特权与其他国家一样展现出根深蒂固的内在需要。1624年英国议会通过《英国反垄断法》(the Statute of Monopolicies)废止了英王授予他人的专利特许证权力,并规定相关特权案件由普通法法院(common law courts)管辖,但对印刷业的垄断性授权仍未作限制。1640年英国革命爆发,1641年星室法院被废除,《星室法院法令》随之失效,书商公会的垄断地位从此彻底失去了王权的后盾。但在书商公会的努力推动下,议会在1643年通过了《英国印刷管理法令》(An Ordinance for the Regulating of Printing),该法令继续延续书籍许可制度,对图书登记也作了确认。1653年的法令将印刷出版的控制权交给了国务委员会(the Council of State),书商公会的权力被极大削弱。在斯图亚特王朝复辟成功后,书商公会又抓住机会,多方利益促成了1662年《英国许可法》(the Licensing Act of 1662),书商公会的图书登记制度得到了制定法的正式认可成为法律强制性规定。《英国许可法》还首次严格限定所有的图书登记及原稿保护事务均由普通法法院管辖。"光荣革命"(the Glorious Revolution)之后,1695年《英国许可法》最终失效。自此出版前审查制度终结,政府与书商公会的公开合作宣布结束。书商公会又建立了一种由书商版权人控制的图书批发体系,即"康吉体系"(the conger system)。书商版权的份额只能在"康吉体系"内的成员间转让,不得外售他人。书商公会对垄断利益的执著追求,推动着现代版权观念的生长。

  从英国印刷特权起伏的历程来看,由政府来授予享有某种特权带有很大的随意性。近年来,有学者提出知识产权公权化或者认为知识产权应当是公权。如澳大利亚学者彼得·德霍斯就是"特权论"的代表人物。他主张将知识财产的财产说为垄断特权的学说所取代。这些垄断特权的授予将伴随着义务的观念，带有义务的特权将形成知识财产的工具论的核心。❶ 将知识产权回归特权，这种观点不应视为历史的倒退，实际上是面对当今知识产权的无限扩张趋势，许多人提出应该用公权力来约束，甚而认为知识产权出现公权化趋势，避免知识产权的无限扩张损害社会公共利益。根据这种工具论理论，知识财产将被置于某种更广泛的道德理论与价值体系的环境中。财产权将成为道德的仆人而不是驱使人。❷ 知识财产工具论理论实际上依赖于自然主义的经验主义，这最终将囿于理想而无法变成现实。在英国版权历史的进程中，我们看到了版权作为特权时所体现出的随意性和不稳定性。特权的授予以前是由皇权王室现在是政府的意志所决定，虽然社会进步了，但是将道德的约束交给管理整个国家经济运作的政府，谁又能确保在利益面前不迷失方向呢？这样看来，用公开制定的法律规则来制约私权会显得既稳定又便捷。版权作为私有财产权，同时必须受到社会公共利益的限制，这一点体现在物权上也是类似的，但这并不能改变其私权属性。

二、"copy right"的出现

17世纪40年代，《星室法院法令》要求所有书籍必须到书商公会进行登记，"copy"（原稿）与"book"（图书）开始在书商登记簿上并列使用。"book"（图书）的涵盖范围比

---

❶ [澳] 彼得·德霍斯. 知识财产法哲学 [M]. 周林, 译. 北京: 商务印书馆, 2008: 224.
❷ [澳] 彼得·德霍斯. 知识财产法哲学 [M]. 周林, 译. 北京: 商务印书馆, 2008: 224.

"copy"更广。根据交易惯例，一旦作者将其创作的原稿转让给他人，就不再对其原稿保有权利。书商公会通过取得"booke or copie"的"ownership"（对图书或原稿的所有权），强制保有作者书稿的印刷专有权。17世纪下半叶，随着阅读群体的扩大，古典和中世纪时代的公共题材作品不足以吸引更多的读者，新的"原创"作品因其内容的新颖极大地满足了阅读人群的需要，带有"原创性"的作品的重要性开始显现。由于原创性作品在市场有更高的经济价值，书商们开始积极争取出版和复制作者的新作品。

意识到自己的利益只需要立足于对作者书稿的复制权利，书商们不再强调自己对作者原稿享有所有权，他们在为其拥有的复本寻求法律保护时，开始主张作者和读者的利益，这使得书商的利益披上了正当的外衣。在版权与特许权脱离之后，在书商的争取下，版权的私权属性渐渐明晰了。

以原有的"booke or copie"（图书或原稿）的登记用语为原型逐渐发展出了"copy right"这一登记用语。[1] 这一用语的出现标志着书商公会对作者书稿权利由重视对原稿的所有权转变为重视原稿的复制权。此时书商公会对非特权书籍的专有权被称为"书商版权"（stationer's copyrights），"copy right"即专有复制权。"copy right"的出现，本身就意味着与"原稿所有权"有所不同。可是作为一种独立的权利类型，书商们为何取得作品的专有复制权？脱离于原稿所有权的专有复制权在形式上与原稿所有权如何区分？实际上，这已经预示着版权的出现首先要解决的第一个问题就是权利的对象是什么，这一问题引

---

[1] Mark Rose. Authors and Owners [M]. Harvard University Press, 1993: 58.

导着人们的视角从具体的图书走向抽象。

1710 年 4 月《安妮法》（the Statute of Anne）在上议院通过，全称为《于法定期间授予被印刷图书原稿之作者或购买者复制原稿权以促进知识之法》❶。经由这部制定法，"作者"登上了版权的历史舞台。很多的著述就此认为《安妮法》是世界上第一部版权法，赋予了该法在版权历史上很高的地位。但实际上《安妮法》被认为是版权法也很勉强，因为该法对作者的权利并未认真对待。依据《安妮法》，作者除了在第 11 段中规定：前述 14 年保护期届满后，若作者尚在世，则印刷或处分原稿的专有权复制权归作者且再延长 14 年。这是《安妮法》中唯一一条使作者地位优于"原稿购买者"的规定。在其他规定中，作者除不用购买原稿以获得原稿印刷或重印权外，其他地位与其他获得原稿印刷或重印权的人没有任何差别。❷ 在这里，《安妮法》对作者原稿复制权期限的限定不知是一种设定特权的习惯延续，还是已经预设了对私权的限制，总之这一期限的规定为书商公会永久性享有作品的专有复制权设置了障碍。作为利益妥协的产物，《安妮法》中汇集着各种盘根错节的利益计算，是一个矛盾的结合体。《安妮法》如出版商所愿，确认了出版商的专有复制权并且赋予强制性法律救济。但是由于无法平衡各利益团体的需要，立法者刻意在立法中用词模糊，并未明确图书原稿的财产权（property of copies of book），而是使用了词义模糊的"copies of book"。"copy"的含义相当含混，既可指原稿或复制本，也可指原稿与复制本，

---

❶ 易建雄. 技术发展与版权扩张 [M]. 北京：法律出版社，2009：37.
❷ 易建雄. 技术发展与版权扩张 [M]. 北京：法律出版社，2009：40.

还可指复制原稿的权利。此时的"专有复制权"尚不具有财产权的效力。

在版权出现的整个过程中,都充满了利益运作的痕迹,法令和规则的出台也是利益集团斡旋的结果。因而在邻接权产生过程中,利益衡量的因素不是其特有的,是作为财产权利所固有的。邻接权范畴的复杂无序,不能用邻接权利益分配的工具性来说明其合理性。在探明邻接权本质的时候,经济运作和利益维护固然是其突出的特征,但不能据此视为其本质特征。因为在版权产生的过程中也彰显出同样的特征,甚至在版权产生之前利益分配的关系早已存在,出版商向作者支付报酬,出版商之间的竞争关系决定着作品运营中的利益分配。但是如何确定作品利益分配关系中的真正主体?只有在经过正当性论证之后,真正的权利主体——作者最终才得以浮现。作为作者财产权利的版权,在产生之初,不是因为作者参与了利益分配就产生了权利的正当性。需要关注的是,是什么使作者进入作品利益分配的主体范畴,取得了利益分配的正当性。

三、文学产权正当性论争

1735年《雕工法》(the Engravers Act)通过,雕工获得了比图书作者的复制权效力更强的复制权,雕工可禁止他人对其画作增删更改后再进行"复制"的行为。《雕工法》赋予雕工的权利对书商公会推动文学产权的论争起到促进了作用。

书商公会提出作者利用上帝赋予的智慧和思想进行劳动而产生出作品,应当享有永久的文学产权,并以此为借口欲延长《安妮法》的保护期限。作者以及为作品的出版进行投入的书商是享有一种在他们作品上的永久性复制权,还是应当限定在法定期限内，这引起了公众的争论。到 18 世纪中叶，依靠写作在经济上自立的作者也开始为维护自己的利益寻求法律保障。作者和书商为着各自的利益走到了文学产权论争的同盟中。

为了获得一个有利于自己的普通法判例，在书商公会的导演下❶，1761 年书商公会成员汤森（Tonson）因另一公会成员柯林斯（Collins）未经授权擅自重印 1711 年首次出版的《旁观者》（The Spectator）一书而将其诉至法院。这是伦敦书商在普通法法院提起的第一件文学产权纠纷案件。在案件的法庭辩论上，原被告代理人将文学产权支持者和反对者的理论依据进行了充分的阐释。在论证过程中，当时盛行的文学思想和哲学观念被利用来说明文学产权的正当性。当时的英国文学受个人主义思潮的影响，浪漫主义色彩充斥在文学理论中，先前盲目崇拜古人、模仿古人的创作方式被排斥，文学创作中对个人独特个性和思想的展现日益受到重视。受到文学理论的影响，"original"（独创性）从"最初就已经存在的"，转化为"无来源的、独立的、第一手的"。❷ 这一词义的转变，标志着作品创作观念的新发展。奠定现代独创性观念的是作家扬格（Edward Young）于 1759 年发表的《试论独创性作品》阐述了独创性作品是作者人格的自然生成物，作品和作者的人格融合在一起，独创性成为作品的价值之所在，而这一价值直接源于

---

❶ [美] 保罗·戈斯汀. 著作权之道 [M]. 金海军, 译. 北京: 北京大学出版社, 2008: 37.

❷ [美] 伊恩·P. 瓦特. 小说的兴起 [M]. 高原, 董红钧, 译. 上海: 生活·读书·新知三联书店, 1992: 7.

作者的独特个性。❶ 同一时期自然法理论的倡导者洛克的劳动财产权理论也用以说明作者取得作品永久财产权的正当性，劳动成为解释文学财产取得的合法性根据。自此，有观点认为，扬格的独创性理论与洛克的财产权劳动理论在创造和劳动基点上达到了契合，二者共同构筑了文学产权的正当化基础。但是洛克等人并不是专业的法学家，他们的自然法理论被用于论证文学产权的正当性，甚至最终成为知识产权的正当性理论基础实在是出于偶然的契机。在洛克阐述其学说时仅仅是作为一种哲学思想的构成，并无真正作为法学理论的用意。况且洛克将人的"意志"作为权利的核心，过于强调"天赋的自然法"，未能将道德权利与法律权利相区分，刻意地与实定法相对，实际上也不是真正的法学理论。

尽管具备了理论上的合理基础，并且这一理论顺应了历史的潮流，有着深厚的社会基础，但文学产权还不足以就此确立。在当时确立的"无实体者则非财产之对象"（nothing can be an object of property, which has not a corporeal substance）❷ 原则下，智力劳动的非物质性特征，在其跻身财产权对象中遇到了阻力。文学财产的支持者于是将视角转移到智力劳动的物质体现上，因为它是以印刷文字呈现出来的。正如阿斯顿法官在 Millar v. Taylor 案中所说的，虽然"情感和原理可以被称作是观念性的，但当同样的东西通过印刷媒介而传播给每个人观看

---

❶ ［英］爱德华·扬格. 试论独创性作品［M］. 袁可嘉，译. 北京：人民文学出版社，1998：80 – 135.

❷ 易建雄. 技术发展与版权扩张［M］. 北京：法律出版社，2009：56.

和理解时，该作品就变成了一个可予区别的财产对象"。❶ 图书购买者所取得的，是作为物理实体的图书，并不能取得体现在图书中的思想，那是作者的财产。在论争的过程中，论争从关注实体财产走向了抽象。面对反对者的质疑，文学产权的支持者被迫转向对被保护对象的本质特征和范围的检验；超越印刷出来的书页，转而考虑该作品本身的实质。图书就被划分为两个领域，分别是公共领域（关于原理、知识和思想）和私人领域（关于体裁、风格或者表达），前者由于发表可为任何人自由使用，后者则即使发表了，仍属于作者或者其受让人的财产。这样，作品一经发表，读者就能够任其所愿地使用在该文本中所体现的思想和知识了，他们所被禁止的只是利用该作者独特风格或者表达。于是文学财产被成功地限定在某一作者所采用的表达体裁或者风格上。思想与表达的区分，暂时为文学产权获得了存在的合理性。

任何思想都不可能脱离具体的历史境域。批判性学说存在的意义就在于以质疑的方式来补正或推翻先前理论，因此，当它所针对的目标学说消失时，该学说的历史使命行将结束。在新的批判理论的推动下，该学说同样面临被取代的危险，这是社会发展的必然结果。古典自然法理论及其所依托的哲学、政治学说原本是被用来反对"君权神授"与教会权力世俗化的，随着历史的演进，19世纪君权与教权的问题在西方已基本解决以后，古典自然法理论渐渐偏离了主流意识。❷

---

❶ [澳] 布拉德·谢尔曼，[英] 莱昂内尔·本特利. 现代知识产权法的演进：英国的历程（1760~1911）[M]. 金海军，译. 北京：北京大学出版社，2006：31.

❷ 李永军，主编. 民事权利体系研究 [M]. 北京：中国政法大学出版社，2008：4.

与此相应的，囿于当时对作品"本质"认识的局限，无法从对象的"本质"上得到答案，面对文学产权的"来势汹汹"，人们只能转移论证的视角——如果确认永久性普通法权利会带来什么后果？如果后果是不可接受的，这种权利就应该被否定。这实际上就是一种实用主义的利益衡量。在1769年 Millar v. Taylor 案中，法院依据文学产权保护的本质特征，认可了文学产权。而在 Donaldson v. Becket 一案中则体现出法官思路的转变。李透桐勋爵（Lord Lyttleton）认为如果确认文学产权，将有利于为作者创作提供持续的激励，另一位议员候沃德勋爵（Lord Howard）则认为如果确认作者享有永久性权利，那么会造成作者对某些作品的垄断，从而危及国家的民主政治。这种思维变化被称为从"先验性思维方式"到"结果性思维方式"的转向。❶ 结果实在性取代了理性、经验和智慧，在用这种思维方式作出判断的时候，文学产权本身已经不再是焦点。随着该案的终结，作者享有永久性普通法上的权利被否认。

四、现代版权理念产生的标志

现代版权的产生，有赖于多种条件的成就：语言文字的出现，知识文化的传播、权利思维的成形、财产观念的达成等。一直到印刷术的发明与广泛应用，现代版权才终于得以诞生。印刷术的推广应用极大地改变了相关领域的利益格局。重新分配利益的需要催生出了现代版权。随着争论的不断深入，文学

---

❶ ［澳］布拉德·谢尔曼，［英］莱昂内尔·本特利. 现代知识产权法的演进：英国的历程（1760～1911）［M］. 金海军，译. 北京：北京大学出版社，2006：45.

产权被否定,但是伴随着常年不断的争论,现代版权的理念则越发彰显。

(一)财产权的对象从具体走向抽象

在文学产权论争过程中,源于头脑的智慧和天赋与思想的发挥的智力劳动从根本上区别于体力劳动这一观点最终获得人们的认可,智力劳动在法律上确立了地位,智力劳动作为一个抽象和开放外延的范畴而可适用于各种创造性劳动。智力劳动所挖掘出的人的独创性内涵不仅扩张到"艺术"领域(比如文学财产),而且扩张到当时存在的各种知识财产上,独创性概念开始被看做联系各种授予无体物以财产权的不同法律部门之间的纽带。作者在法律上开始被看做文学文本的创作者,而不是单纯的对传统的复制者。在整个 18 世纪,个人作为创作者在法律上发挥着愈加重要的作用。在 18 世纪下半叶,无体物被广泛接受为财产保护的一种合法对象,与此同时个人开始被看做创作的来源或者起源,这也是为何在争论之后作者取代书商成为版权的真正主体的原因。

(二)基于独创性理论的思想与表达区分,公共领域与私人权利的区分

在 Tonson v. Collins 一案的审理过程中,出现了"二分"图书的思想。这种思想主张一本图书可划分为"学说的作品"与"机械的作品"两个层次:机械的作品以文字的形式存在于纸张之上,学说的作品则可再分为作品中体现出的思想与作者表达思想的语言两部分。图书出版后,出版商关注的是体现为纸张的作品,作者关注的是作品中表达思想的语言组合,读者最关注的是作品中所包含的思想,思想在经过出版之后进入了

公共领域。这种对图书的认识为文学产权对象的界定提供了切入口。随后哈格雷夫又对思想的表达进一步深入：表达不是展现在图书中的文字，而是作者用以说明思想的语言组合的风格和独特个性，作者表达思想的方式是与其个性密切相关的。❶这种解释突破了文学产权对象局限于文字的限制，为版权权能的扩张预留了空间。思想/表达二分法初见端倪，这可以视为思想与表达二分法的起源。

建立在"浪漫主义"文学理论基础上的思想或表达二分理论，虽然具有历史阶段的局限性，埋下了作者独特人格的理论根基与作品商品化利用之间的矛盾，尚不足以解决法律实践中的所有问题，但是英国的思想或表达二分法在论证文学产权时起到划分公、私领域作用，在当时的情境下思想与表达的分离很好地解释了文学产权的合理性——文学产权保护的是作者对自己思想表达的风格和个性，并未对公共领域的思想形成垄断，发挥了证立文学产权的功能。❷

（三）权利主体从书商变为作者

实际上，版权的诞生应该同作品复制和传播的方式一起来考虑。作者的权利在诞生之初就与作品的传播者有密切的关系。在英国，出版商的权利要求是建立在保护投资者利益制止非法复制的经济需要基础上的。这是1710年安妮法令立法的缘由。这个法令虽然第一次承认作者享有可延续的为期14年的授权印制和销售的专有权利，但是其背后仍然隐藏着出版商

---

❶ F. Hargrave. An Argument of Defence of Literary Property. Otridge, 1774：4. 转引自易建雄. 技术发展与版权扩张 [M].北京：法律出版社，2009：70.

❷ 易建雄. 技术发展与版权扩张 [M].北京：法律出版社，2009：72.

利益分配的动机。出版商之所以推动作者对作品专有权利的授予，是因为作者作品的传播依赖于出版商，一旦这种所有权转让给出版者，就能保障他们拥有禁止复制的永久垄断地位。但是在作者权利的论争中，出版商作为传播者隐身到了作品权利主体之外，虽然出版商仍然可以参与因传播作品产生的利益分配，但是却不能作为权利主体享有对作品的权利。根源就在于版权是对作品的权利，版权保护的对象是作品，而出版商的行为没有对作品的创作带来实质性因素。

值得注意的是，在文学产权论争过程中自然法的哲学导向渐渐被实用主义哲学所取代。仅是在版权形成初期，利益考量的因素还不足以影响到制定法，理性仍然占据主导地位。对于作品进行财产权保护的合法性，在于再次证明作者的作品是独创的。作品的独创性使作者取得了版权保护的主体资格，也正是独创性使出版商脱离了制度的主体地位。能否得到主体资格的认定，建立在作品独创性的唯一标准之上，而独创性的主观界定是同创作者的个性密切联系在一起的。但是近年来，随着来源于数字技术的新创作问题的出现，作品中的独创性是否体现作者个性已经遭到质疑。

至此现代版权观念已经成形，虽然其自身仍有不足以弥补的缺陷，这注定版权在发展过程中对自身理论基础需要不断反省，但是技术发展以及频繁发生的国际贸易，往往将研究者的注意力引向新现象，版权理论自身的不足则被忽视。由此带来的后果是对版权制度存在的直接冲击——版权制度本身是否合理。

从印刷术的问世到现代版权的产生经历了200多年的历史，其中历经了充分的正当性论证，直到18世纪末英国才确立了作者的主体地位。从现象的表面而言,新技术产生之后,行业的发展催生出了不同的利益集团,加剧了各利益集团的矛盾,版权成为调和利益矛盾的产物。但更为重要的是经济发展之后带来人们意识形态的变化,人们对自身行为的认识趋向深入——对作者的写作行为进行了本质的探讨。在这期间衍生出众多的哲学流派,顺应了经济发展需要的主流意识形态的发展,对法律制度的确立起到了重要的推动作用。18世纪末的文学产权大辩论尽管否认了作者的"永久性普通法权利",但作者作为新生版权的主体地位已是不可动摇的。相比之下,曾经处于中心位置的出版商似乎被边缘化了。这才是版权理念产生的根源。对于邻接权而言,笔者不否认邻接权是利益集团争夺利益的工具,但是更为重要的是,应该要挖掘出邻接权权利的本质,如果邻接权具有与著作权同样的正当性基础,邻接权才能像作者的权利一样,在著作权制度中如此稳固!

第二节 版权扩张的历程

一、版权从传统复制权延伸到公开表演权

到18世纪末,版权已经成为作者享有的权利,书商公会的主导地位被作者所取代。但书商公会在作品传播环节中起着重要的作用,仍然攫取着高额利润,作者享有的版权还是建立在书商公会所争取到的"专有复制权",只有当某书可被认定为某一在先图书的复制本时,才构成版权侵权。

19世纪初期,英国处于经济困境,受法国的影响,英国作者开始谋求复制以外的权能。依据法国的公开表演权,公开表

演剧作家的作品须经剧作家同意，并支付报酬。而同时代的英国，剧作家一般受剧院委托创作戏剧作品，剧院依据合同支付报酬——报酬的多少与剧作家的声望、剧院的收入有很大关系。除此以外，剧作家不能再从其创作的戏剧作品中获取收益。生活的窘迫使得英国剧作家效仿法国作家的做法，要求对戏剧作品增加公开表演权。1833年英国顺利通过了《戏剧版权法》，剧作家的权利延伸到公开表演权。到1842年，表演权又从戏剧作品延伸到音乐作品。毫无疑问，权利种类的增加，意味着作者收益可能性的增加。从原稿所有权到版权，人们目睹了激烈的利益冲突与理论争辩；从复制权到表演权，有相关的利益考虑，但无须更多的理论支撑。经过声势浩大的正当性论证之后，版权已经成为人人熟稔的法律概念，作者基于独创性的劳动应当享有其应有的财产权成为版权的基本原则。在权利扩张的道路上似乎不再需要更多的理由，只要这种权利是作者的应有权利。

邻接权的产生本应当这样，但是对邻接权而言，这个过程却是反向的，没有经历过太充分的理论论证以及正当性论证，就突兀地出现在著作权制度中，虽然是以与作者的"相关权"命名的。但近年来，随着利益团体的需求，邻接权的权利范围比照着著作权人的权利范围进行扩张，如果仅仅以作者的"相关权"来作为权利的依据，这种扩张是没有底气的。最终，邻接权的正当性论证不容忽略。

二、版权保护超越国家界限

版权保护的国际化趋势对国内法的影响实际上自各国签订双边协议时期就已经显露出来。

虽然英国的版权立法起步较早，但是对于作者权利的扩充，却是在受到其他国家的立法压力下被动地改变。为了保护海外利益，英国不得不提高国内法的保护水平，经过1842年和1844年两次修改《国家版权法》，英国将版权的保护期进一步延长为自作品出版之日起42年或作者终生加死后7年，以长者为准；将版权对象延伸至国外的文学作品和艺术作品，保护权能也从印刷出版延伸到了表演。在比照周边国家的立法，梳理本国立法，与国际义务的履行相协调之后，英国才终于与普鲁士、法国、比利时、西班牙等国家签订了双边条约。

随着各国交往的频繁，本国作品逐渐流向境外，经过其他国家语言翻译的作品广泛传播，影响到本国作品的作者利益。此时的作者利益已关系到国家的经济利益。19世纪初期，各国开始了就作品的翻译问题进行双边谈判。在英国，翻译曾经在文学产权大辩论过程中被作为人们可以自由利用作品的思想的例证而独立于版权保护之外。进入19世纪后，因为图书贸易的国际化，作为文化出口大国的法国作品越来越多地被翻译成外国文字，法国作者和出版商开始主张翻译权以更好地维护自己的利益，这种主张为法国政府接纳。在法国和英国签订双边条约时，由于法国对作品翻译权的坚持，迫使英国在1852年修改《国家版权法》，增加了翻译权的条款。在此次增加翻译权的过程中，没有人提出"保护翻译权是否会导致作者垄断思想"之类的问题，为履行国际条约的义务而增加翻译权似乎成为大家都能接受的理由。当集团利益上升为国家利益时，国内的立法就丧失了理性。

与此同时，欧洲大陆也达成了一系列的双边协议。双边协议的缔约方之间由于版权保护水平的不一致，版权保护标准的不统一，为各国贸易交往设置了壁垒，双边协议的签订过程中往往上演着利益争夺和妥协的拉锯战。统一各国的版权保护水平成为时代的呼声，已成为版权主体的作者组织具备了勇气和实力。1858年，来自世界各地的作家与艺术家在布鲁塞尔召开国际大会，呼吁对作者的权利提供更大范围的国际保护。1879年在法国作者的主导下，国际性的作者组织——国际文学艺术协会宣告成立。国际文学艺术协会在1883年召开大会时，起草了一份对所有缔约成员国都提供"文学艺术作品"保护的多边国际条约文本。文本主张确立文学艺术作品保护的国民待遇原则、废除保护的形式要件，确认整个保护期内的翻译权、建立国际保护机构等内容。国际文学艺术协会的主张得到了瑞士政府的支持。瑞士政府在伯尔尼召集了多次政府间的国际会议来讨论多边条约的签订问题。1885年会议形成了一个修订文本，确立了作品保护的国民待遇原则和作者的翻译权，但只给予自原作品出版之日起10年的保护；以成员国对作者的表演权给予保护为前提，规定了戏剧、音乐剧作者的表演权。

英国作者成立了作者协会（Society of Authors）来推动英国政府接受伯尔尼公约的修订文本。最终1886年9月9日，英国政府与法国、德国、比利时、西班牙、意大利、瑞士、海地、突尼斯、利比里亚签署了以1885年修订文本为蓝本的《伯尔尼公约》。《伯尔尼公约》是世界上第一个保护文学艺术作品的国际公约，有着不同思想基础与利益考虑的两大法系终于在作者组织的推动下走到了一起，开启了版权（著作权）保护的新时代。随着《伯尔尼公约》的实施，版权保护的国际化成为不可逆转的趋势。《伯尔尼公约》也因其超国家的权威性而深刻影响着各国国内立法。

在国际公约的制定过程中,版权贸易占优势的国家往往利用这个良机,以本国的国内立法影响国际公约条款的内容,以便于本国与其他国之间的版权贸易交易。1908年,在法国和德国的推动下,趁着修订《伯尔尼公约》之际,将利用作品的形式扩展到"将小说、故事、诗歌转换成戏剧或者相反"的情形,由此将作者的权利增加了改编权。同时还将作者权利的保护期规定为作者终身及死后50年,将舞蹈作品、哑剧和建筑作品等也纳入作品范围,废除作品保护的形式要件,确立了作品的自动保护原则。在《伯尔尼公约》的压力与国内作者的推动之下,英国于1911年通过了一般版权法,对独创性作了规定,并将表演权、翻译权、改编权明确授给了作者。

回顾版权扩张留下的足迹,可以发现,版权之所以能够从复制权超越到其他权利,是版权的权利主体作者团体不遗余力地将版权的财产权本性发挥到极致,极力扩展自己的权利,成为版权扩张的重要推动力量。而双边条约、国际公约的出现、版权保护的国际化趋势对国内立法的影响则是版权扩张的另一重要原因。为了各自的利益,各国相互斗争又相互妥协,这种形势下的版权扩张有时则偏离了作者的权利,国家利益与行业利益左右了国内立法者的意志,这一立法趋势随着经济全球化越演越烈。

三、法律移植和法律文化

随着经济的全球化,法律也和其他文化产品一起成为输出的对象。19世纪后期的全球化还可以体现出民族国家的主权,在一国领域内实施的国内法保持着相对的稳定性。随着法律对国家边界的超越，当只有核心国家和地区能够保持其政治、经济上的支配性影响时，其他国家在国际形势中按照自己国家的意愿行事的范围和能力被迫在缩减。政治和法律行为的决定性标准将倾向于更加便利和成本上更有效益，合法的法律规则和民主原则将被抛弃。❶ 当前新的经济全球化浪潮正开始对自由民主的谈判性法律文化和欧洲及东亚的规则导向型法律文化的残余，产生某种结构性和法律性的影响，并由此引发了法治的转型。❷

法律的移植自然涉及法律概念的移植，通常情况下，法律的继受国应当考虑移植的概念中所蕴含的法律价值，并对这种概念经过一定的修正，与本国的法律价值达成共识之后，移植的法律才能融入本国的法律文化中。如果缺少法律价值的同化过程，则外来的法律很难在国内"落地生根"。

公认的说法认为，版权和作者权的传统建立在不同的逻辑前提基础上，其中版权传统所依据的逻辑体现了浓重的功利主义色彩，即版权保护的目的是以尽可能低的代价，来激发尽可能多形式的创造性作品生产。与此相反，作者权是自然权利的必然产物；从公平和正义的角度，作者有权利保护其作品。从欧洲大陆各国的著作权立法进程来看，由于19世纪哲学和美学对作品以及作者的定性在其立法初始被用于解释著作权的正当性——这种思潮直接影响着欧洲著作权法律属性的定位。19

---

❶ L. Brilmayer. Justifying International Acts, Ithaca, NY: Cornell University Press, 1989.

❷ W. 海德布兰德. 从法律的全球化到全球化下的法律 [C] //刘辉，译. [西] D. 奈尔肯，J. 菲斯特，编. 法律移植与法律文化. 高鸿钧，等，译. 北京：清华大学出版社，2006：157.

世纪传统作者观强调作品中体现作者的人格,作者通过创作活动使自己具有个性特点的思想得以反映,因而作者有权控制自己的作品如何使用。维护作者的人格成为欧洲大陆著作权立法的正当性基础。尽管在作者权体系立法中存在着一元论和二元论的分歧,但是"作品中体现人格"是其共同的理念基础。以德国为代表的一元论认为著作权的本质就是在著作权人固有人格领域内,以精神创作物为对象的人格权。著作权所保护的著作权人的利益一方面包括利用作品的经济利益,另一方面包括人格利益,二者相互关联。著作财产权是次要的,是著作人固有的人格领域支配权的反射。精神权利的不可让与性决定了财产权的不可让与性,作者只能将其作品设定移转,但其人格权不能脱离著作人。以法国为代表的二元论认为著作权是由各自独立的财产权利和人身权利构成的双重权利,前者不受后者制约,可以单独让与,后者则不可让与。1878 年法国学者莫里洛明确提出并在法律意义上使用"著作人身权"的概念。他认为著作权是由两项内容构成:第一项内容属于"完全的人身自主权",这一权利禁止违背作者的意愿而发表其作品,禁止以作者之外的他人名义发表作者的作品,以及所有恶意及拙劣地复制作品;第二项内容是专有使用权,它是由实在法赋予的一种纯粹的经济权利。[1] 19 世纪 80 年代,作者对作品享有发表权、署名权及保护作品完整权的观点已为法国学术界所普遍接受,并且被确认为"著作人身权"。由上可见,两大体系对著作权定位的不同,缘于对历史文化的偶然选择,并不具有逻辑

---

[1] 孙新强. 论著作权的起源、演变与发展 [J]. 学术界,2000(3).

上的必然。❶

从版权的起源来看，现代版权理念的分歧不是产生自不同的哲学基础，仅是在版权发展的过程中出现了偏转。版权的传统起源于英格兰，而后在前英国殖民地和英联邦国家相继产生，因此它和普通法系密切相连。早期的立法者把他们的版权法建立在洛克的自然权利理论上，人们由于智力上和艺术上创造而得到经济上的回报是版权立法的基本前提。通常认为英国的版权立法贯穿着功利主义的思想，但是从各种文献和判例来看，英国的版权传统又带有明显的自然权利的痕迹。从其结果而非仅从言辞上看，普通法中的版权立法并非严格的功利主义。❷ 最终英国没有沿着自然权利的道路前进，转而走上了功利主义之路。这固然有哲学思想的影响，还有政治、经济因素的决定，技术发展带来新的作品存在方式和新的作品利用方式，也曾让英国立法者慎重对待版权扩张，但是周边国家的立法环境和本国经济发展的压力，牵制着英国版权上的立法。

美国的版权立法中也体现出同样的特点，即功利主义和自然主义的融合。脱胎于英国殖民地的美国，在版权观念及其法律制度等方面与英国有着极深的渊源。1783年到1786年，美国有12个州通过了版权法，除了宾夕法尼亚州、南卡罗来纳州和弗吉尼亚州，各州的法案均按照自然权利的原则以《安妮法》的修辞表述为样板。但美国在形成联邦版权法时，不同的力量塑造了美国版权法，协调国家与地方利益之间的冲突成为

---

❶ 李琛. 论知识产权法的体系化 [M]. 北京：北京大学出版社，2005：182.
❷ [美] 保罗·戈尔斯坦（Paul Goldstein）. 国际版权原则、法律与惯例 [M]. 王文娟，译. 北京：中国劳动社会保障出版社，2003：7.

主导，美国版权法着重强调版权是促进公共利益的手段。美国国会在 1789 年通过宪法授权后，于 1790 年 5 月 31 日通过了第一个联邦版权法案。法案对法律中规定的原创项目提供保护，给予美国作者，或者他的继承人，或者他指定的人，对作品的"唯一的权利以及印刷、重新印刷、出版和出售的自由"。但该法案通过后，作者普通法意义上的版权就被取而代之了。1834 年 Wheaton v. Peters 案❶中，美国确立了版权在制定法上的特权性质，作者普通法意义上的版权仅在作品出版以前存有意义。

  法国著作权法理念基础在发展之初与英国版权法颇为相似。正如英国那样，著作权在法国也是随着王室垄断与国家文字审查制度的瓦解而出现的。将近一个世纪，著作权在法国也遭受着相同问题的质问：著作权是作者的一种自然权利，因而是永久存续的吗？抑或它只是一种受到限制的公共政策工具，旨在鼓励文学艺术作品的生产？在著作权得以生长的土壤里同样有法国出版商与印刷商为争取作者利益提供养分。法国出现以作者为中心的著作权，是在整个 19 世纪当中逐渐形成的。在此之前，法国的法院通常要衡量著作权使用人的需求与著作权所有人的利益。法国法院曾经有判决表明如果作者在国家图书馆提交两份作品的复印件，就视为放弃作品的权利。这种做法与同期的美国法院做法相同。作者权追本溯源，是渗透在整个法国大革命中张扬个人权利的结果。19 世纪末期，欧洲开始扩张著作权的范围，维护作者的权利变成了战斗口号，而自然权利逐渐成为作者权利设立的主要理论基础。在这一点上，

---

❶ Wheaton v. Peters, 33 U. S. 591（1834）.

美国的立法者则是采用功利主义哲学思想为版权的扩张提供了依据。

这样看来,版权理念在发展过程中深受各国法律文化的影响,即使在共同缘起的理论基础上也会发生偏离。从版权体系和作者权体系的历史源头来看,自然权利是版权(著作权)产生的共同依据,在发展之初,两大体系没有截然区分。实际上从两项法律传统结果的任何角度讲,它们之间有很多的共同之处。法理渊源的不同有时会在版权体系和作者权体系国家立法方面有所体现,但是不同的法理却很少反映出不同的实践效果。财产权的逻辑表明,人们在哪里能够从文学艺术作品中获得享受与价值,就要把财产权扩展到哪里。从这个观察视角,英国和美国200年来的实践和经济分析,与欧洲大陆所产生的自然权利理论得出了完全相同的结论:无论是从保护作者权利的角度还是从鼓励作品应用的角度,看似两个对决的极端,但著作权都发挥出财产权的极致,扩张到经济价值存在的每个角落。当美国最高院拒绝对电视播放电影进行复制的行为视为作者权利的时候,联邦德国却作出了有利于著作权人的判决,其所根据的就是自然权利的观念。版权体系与作者权体系的区分在立法上原本就不是很分明,就像自然权利理论已经渗透到了具有普通法传统的版权立法中一样,具有大陆法传统的作者权也染上了功利主义的色彩。

《伯尔尼公约》首先在版权保护上将两大体系的国家连为一体,该公约具有普遍性的最低标准使得上述两个阵营中的国家建立起了极为相似的法律规范。从另一方面而言,在这之前两个体系中各国家表现出的种种相似之处也为这种统一提供了可行的基础。各国法律文化的差异,在制度方面却体现出立法趋势的趋同——著作权与版权的权利内容本身没有太大的差异。邻接权概念的坚持似乎成为作者权体系调整国家之间利益关系的最后阵地。为表演者、录音制品制作者和广播组织提供保护是邻接权设立的初衷。为邻接权提供比较完整保护的《罗马公约》目前已不仅在德国、法国这些作者权体系国家得以实施，一些版权体系国家，如澳大利亚、加拿大和英国，也是该公约的成员国。对作者权和邻接权分别进行保护，与将上述两项权利统一作为版权的内容进行保护看来只是表面上的区别。作者权体系国家所持的邻接权与作者权的分立没有了足够的底气。

　　然而这是否能让作者权体系国家就此放弃邻接权与作者权的区别呢？虽然各国对邻接权所保护的主体在权利内容上差异无多，但是如果按照作者权体系关于邻接权的规定，某些产品不具备"作品"的条件或者其创作者不是"作者"的范畴，那么它不必承担任何由《伯尔尼公约》或者《世界版权条约》所规定的义务，国际公约的国民待遇原则也是无可奈何。最终作者权和邻接权并列的保护体系与版权一体的保护体系间的差异就主要体现在了两者所涵盖的国际义务上。如各国在录音制品上采取不同的做法，结果就导致了国际著作权收入分配的不平衡。最初邻接权的形成也许是作者权体系秉持严格原则的无奈之举，但最终却演变成作者权体系下的政策工具。无论是理论上的"无法兼容"还是政策上的"明智之举"，认真地审视邻接权，探究邻接权的应然属性就需要排除这些利益考量因素的影响。

第三节 本章小结

第一，版权的产生过程，同样是利益集团运作的结果。比照版权运作的模式，邻接权的利益分配的工具性不能作为认识邻接权的正当基础。在进行文学产权论争过程中，甚至存在着书商公会的操纵假案现象，但是对于论证结果却是书商公会不能控制的，作者版权利益的正当性在论证过程中越证越明。终于在证明过程中，我们撩开了利益分配的面纱，看到了版权的本质。

第二，现代版权产生之前，主要的利益群体是出版商，也即作品的传播者，但是经过版权正当性论证之后，作品中实现了思想与表达的区分，作者对作品的独创性所作的贡献被挖掘出来，作者在版权制度中的权利主体地位逐渐稳固，出版者则最终退出了权利主体的主流。"传播者权"也曾作为邻接权的通说出现，出版者在现代版权制度产生过程中却渐渐隐退，这种历史的发展趋势也许能给我们以启发。

第三，现代版权理念在不同的国家，体现出不同的法律文化。一般认为，"作者权"传统与自然权利原则相一致，而"版权"传统却与实用主义原则一脉相承。无论这种区分在历史上曾有多大影响，在今天看来，其在实践中或学术上的影响已微乎其微。❶ 自然权利的痕迹清晰地出现在关于作者权利的文献中是19世纪晚期，发生在欧洲大陆第一部版权法实施之

---

❶ ［美］保罗·戈尔斯坦（Paul Goldstein）.国际版权原则、法律与惯例［M］.王文娟，译.北京：中国劳动社会保障出版社，2003：3-9.

后。而早在一个世纪前，法国大革命时期的版权法已清晰地体现出实用主义的脉络；关于作者有从其创造和劳动中取得收益的自然权利的主张，也无不带有实用主义的色彩。版权体系国家和作者权体系国家的立法过程也说明，不同的法哲学倾向对版权立法的影响主要体现在权利内容的创设以及对这些权利做出限制性规定的区别。从历史角度看，无论是在版权体系国家还是在作者权体系国家，作者权保护主义者本着对自然权利的追求不断地认可新权利的诞生和对原有权利的丰富。同样，从实用的角度对收益和成本进行权衡时，实用主义权衡的结果竟也表现为版权体系国家对版权的权利内容（甚至是精神权利）做出了同样程度的限制。无论是作者权体系还是版权体系，财产权的工具主义已经发挥到极致，因为工具主义使得版权的扩张变得异常容易。不同的法律文化对版权实际立法的影响，同样也成为影响邻接权立法的因素。认识到这一点，面对纷繁复杂的各国立法模式的选择，应当寻找邻接权正当性的切入点。随着国际经济交流的频繁以及贸易的一体化，各国的法律文化出现交融的现象。这种文化的交融给邻接权本质的研究带来新的视角，紧紧抓住邻接权与版权的密切关系，我们在认识邻接权的本质时才不会迷失方向。

第四章 视角转向：著作权制度的价值取向*

拉伦茨认为，法学涉及的主要是"价值导向"的思考方式。❶ 传统法学方法论，将体系因素与目的因素相区分，将体系思维与价值思维相区分，并且将体系思维中所称之体系等同于由抽象概念所构成的体系，固然能使法律学所使用的方法看起来像自然科学，但是该方法不尽符合法律学所处理之对象的特征，勉强将就到头来亦只是浪得虚名而已。❷ 正确处理法律概念逻辑推理与价值判断的关系，是现代法学方法论的重要发展。

第一节 权利制度中的价值贯穿

一、权利的本质内涵

在人类社会的最初年代，权利观念并没有从一开始就出现在人类的思想意识观念中。自古希腊罗马时代以来，人类开始探讨权利的本质。庞德在《通过法律的社会控制——法律的任

---

* 本章所说的著作权体系包含版权体系和作者权体系两个体系。
❶ ［德］卡尔·拉伦茨. 法学方法论［M］. 陈爱娥, 译. 台北：五南图书出版有限公司, 1996：106.
❷ 黄茂荣. 法学方法与现代民法［M］. 北京：法律出版社, 2007：71.

务》中提到，希腊时期并没有明显的权利概念，在特定场合下正当行为即是权利。❶ 权利观念产生于西方文化，只有在私有财产制度出现以后，权利义务意识才得以获得制度形式。最初的权利观念以早期自然法学家的思想为基本根据，以理性法的方式表达对权利的尊重，并以制度的形式体现在古罗马的法律制度中。随着个人主义因素在理性文化催生下的不断生长，权利观念逐渐倾向于权利正当性理念，这指引着人类的政治与法律实践，并以道德的力量影响着西方文化。

在《布莱克法律词典》中，"权利"在抽象意义上，是指"正义或伦理上的正当"。❷ 从伦理学的视角，权利的本原即体现为"正当"。"正当"是人们对行为或自我意识的外在认识和评价维度，它是决定人们的欲望和冲动能否成为权利的基石。就权利的来源和依据而言，权利的有无不是取决于社会个体的欲望和意志，而是取决于社会整体普遍性的赞同的社会评价或是对此行为的反对态度。穆勒认为，"我们称之为权利的东西与我们所采纳的正当理论是密切相连的"❸。

在权利观念的发展过程中，法律权利逐渐区分为公法权利和私法权利。由于私法权利的独特特征，很少体现出国家意志，随着个人主义思潮的发展，尊崇当事人的自由选择、意思自治成为私法的基本原则。在西方法学史上，权利作为私法无

---

❶ [美]罗思科·庞德. 通过法律的社会控制法律的任务 [M]. 沈宗灵，董世忠，译. 北京：商务印书馆，1984：44.

❷ 夏勇. 人权概念起源 [M]. 北京：中国政法大学出版社，1992：57.

❸ [英]约翰·穆勒. 功利主义 [M]. 王润生，译. 北京：中国社会科学出版社，1990：112.

可争辩的核心概念占据着很长的时间。❶ 权利首先涉及的是个人之间的关系，其内在性质主要由私法理论所表现❷，私法研究者将权利的概念进行归纳整理，总结出有关权利本质的"资格说""意志说""自由说""利益说""法力说"等各种学说。

最早提出权利"资格说"观点的是荷兰法学家格老秀斯，他认为权利是一种权利主体所具有的道德上的资格（品性）。格老秀斯说：一个人"由于具有这种道德品性，正好使他可以拥有某些特殊的权利，或者有权作出某种特定的行为"❸。但是这种说法对权利与道德未加区分，使权利成为一种具有先在与先验的社会存在。如果有资格享有某物，享有它就是正当的。从伦理学的视角，权利的本原即体现为"正当"。"正当"是人们对行为或自我意识的外在认识和评价维度。

与道德权利观存在本质上相继性的是"意志说"，主张权利本质体现个体意志或者自由意志的"意志说"以德国古典哲学代表人物康德和黑格尔为代表。康德将权利区分为道德权利与法律权利，在他的学说中，权利是意志的自由行使："关于获得的权利的根据或者获得的资格，任何外在物可以通过某种意志的自由行使而被获得。"❹ 而黑格尔是将"自由意志"作

---

❶ [德] 迪特尔·梅迪库斯. 德国民法总论 [M]. 邵建东, 译. 北京：法律出版社, 2001：70.

❷ [葡] 叶士朋. 欧洲法学史导论 [M]. 吕平义, 苏健, 译. 北京：中国政法大学出版社, 1998：157.

❸ [荷] 格老秀斯. 战争与和平法 [M]. 何勤华, 等译. 上海：上海人民出版社, 2005：30.

❹ [德] 康德. 法的形而上学原理——权利的科学 [M]. 沈叔平, 译. 北京：商务印书馆, 1991：74.

为权利学说的逻辑基础，认为"人有权利把他的意志体现在任何物中，因而使该物成为个体的东西；是因为从人的意志中获得物的规定和灵魂。这就是人对一切物据为己有的绝对权利"❶。"意志说"是在崇尚人的理性的个人主义取代了"神"的观念，反对"君权神授"与教会权利世俗化的背景下形成的。因而当君权与教权问题解决以后，其所依附的理论基础不再占据主导地位，该学说强烈地体现出古典自然法和法伦理的意蕴，因而被认为法律权利有泛道德化的倾向。

"自由说"是由英国法学家霍布斯和荷兰学者斯宾诺莎等所倡导。权利的自由说意为权利在本质上表现为权利主体的行为自由和意志自主。霍布斯认为，一个人享有权利就意味着这个人拥有"做或不做"的自由。❷ 斯宾诺莎则除了主张人具有天赋的自由本性，并认为这种本性还必须受到共同意志与共同体力量的约束。❸

19世纪末由边沁和耶林等人提出权利"利益说"，在当代持此观点的主要代表人物有里昂斯、麦考密克和拉兹等。边沁立足于个人主义，认为"权利在本质上是其享有者的便利与利益"❹。而耶林意识到个人主义与功利主义的不可调和性，将

---

❶ ［德］黑格尔. 法哲学原理［M］. 范扬, 张企泰, 译. 北京：商务印书馆, 1961：52.

❷ ［英］托马斯·霍布斯. 利维坦［M］. 黎思复, 等译. 北京：商务印书馆, 1985：97.

❸ ［荷］斯宾诺莎. 神学政治论［M］. 温锡增, 译. 北京：商务印书馆, 1963：214.

❹ Jeremy Bentham. The theory of Legislation［M］. edited by C. K. Ogden. English translated from the French of Etienne Dumont by Richard Hildreth, London：Kegan Paul, Trench, Trubner, and Co. LTD, 1931：89, 93.

法律所保护的利益由个人利益推向社会利益，因为"每一个人在追求自己利益的同时也是在为社会付出"。这样权利利益说的核心观点就是权利的本质体现为法律所保护的一定的社会利益。该学说注意到权利的价值和目的，将权利的动机根源于社会生活，用于满足主体的物质性和精神性期望，实际上已经触及权利现象背后隐藏的本质内容。但是由于"利益说"止于社会利益层面，未能提出针对不同利益进行衡量的实体标准，因为利益和权利之间的不对等关系，如有权利未必有利益，有义务未必无利益；并且法律对利益的保护并非都以授予权利的方式进行，因而利益说仍然受到质疑。

权利"法力说"是在对权利进行逻辑分析的基础上提出的，主要以德国的默克尔和雷格斯伯格为代表，认为权利是通过法律赋予或认可的权利主体对抗他人和社会的力量而维持的法律保护的利益。"法力说"在权利构成要素"特定利益"和"法律强制性因素"中突出了"法律强制性因素"，认为权利是经过法律强制力保障的利益。但这一点对某些私法权利而言并不相符。由于与人们生活的息息相关性，有些私法权利是以交易惯例或者历史形成的习俗形式而存在，这些权利不需通过法律的明确规定即可受到法律的保护。同样的道理，有些私法权利也不能以立法来排除。

以上关于权利本质的各种学说都是在一定层面对权利本质所作的解读，存在一定的缺陷和不足，因而学者之间往往依据一定的理由持不同的见解。

二、权利自身的价值追求

虽然法律所保护的利益并不一定都上升为权利保护，但这不能否认权利的本质是"法律所保护的利益"。只要是权利，就一定有利益存在，"利益"是整个法律权利的本质。然而纯粹的权利本质"利益说"仍不能完全揭示出私法权利的本质。如果以利益概括民事权利的本质则有可能导致权利的外延不当扩大，不能准确揭示民事权利的本质。那么什么样的利益才能作为民事权利保护的范畴呢？这就需要经过私法的价值判断进行选择。

主体在对客观需要进行有目的、有意识的追求过程中会形成利益关系。利益是主体自由活动的内在动因。因而，在对利益的追求过程中，主体的行为获得较大的选择自由，人的价值得以确证。❶ 庞德说，耶林通过使人们注意权利背后的利益，从而改变了整个的权利理论。所有的利益并不都是权利，只有为法律所承认和保障的利益才是权利。❷ 利益需求通过权利的确认获得最坚实的保障。"只有利益法律化为权利，才是合法的、安全的、可预测的"。❸ 权利在法律范围内，对利益进行确认、协调和保障，使个人的需求获得了社会意义，同时也找到了自身的目的性。因此权利的确认及实现过程实际上是以人的需要和利益为基点，不断地将人的意志客观化和现实化的过程，在这个过程中权利承载着实现人的价值追求的目标。

法学区别于自然科学，在于它研究的是一种价值性事实，

---

❶ 吴宁. 权利的价值追问 [J]. 安徽大学学报（哲学社会科学版），2008 (1).

❷ [美] 罗·庞德. 通过法律的社会控制 [M]. 沈宗灵，董世忠，译. 北京：商务印书馆，1984：46.

❸ 张文显. 市场经济与现代法的精神论略 [J]. 中国法学，1994 (6).

即具有其"价值相关性"的文化事实。❶ 在 H. 李凯尔特看来,价值是区分自然和文化的决定性标准,自然本身是肯定不包含价值的,不需要从价值的观点加以考察,而文化产物必定是具有价值的,必须从价值的观点加以考察。❷ 拉伦茨也认为,要理解法规范就必须发掘其中所包含的评价及该评价的作用范围。法学主要关切的不是"逻辑上必然"的推论,而是一些可以理解而且有信服力的思想步骤,这就是"价值导向的"思考方式。❸

自权利产生以来,学者们对权利本身的追问从未间断,权利本身也被纳入价值判断的视野。对自由、平等、秩序的价值追求是深深地根植于人性中的,在人的关于自身存在的自我意识的活动中,作为主体的人充分地确证了自身存在的价值。对人的需要及利益经过法律确认上升为权利时,进行价值判断是前提。只有按照体现正义、自由、平等、秩序要求的价值审视标准对欲得到权利制度确认的利益进行判断,才能确保权利制度的正当性。在权利制度确立之后,对价值目标的追求转化为权利制度背后的理念支撑。权利运行过程中,对价值的追求转变为现实的追求,权利价值与人的价值的内在一致性,为权利的实现提供保障。权利制度的存在是一个动态的运作过程,随

---

❶ [德] 阿图尔·考夫曼. 古斯塔夫·拉德布鲁赫传——法律思想家、哲学家和社会民主主义者 [C] //舒国滢. 法哲学:立场与方法. 北京:北京大学出版社,2010:78.

❷ [德] H. 李凯尔特. 文化科学与自然科学 [C] //涂纪亮,译. 舒国滢. 法哲学:立场与方法. 北京:北京大学出版社,2010:78.

❸ [德] 卡尔·拉伦茨. 法学方法论 [M]. 陈爱娥,译. 北京:商务印书馆,2003:94-95.

着时代的进步和理念的变迁,旧的权利可能会不适应时代的发展,新的利益需求会涌现出来,权利制度仍需要不断地以价值的因素进行判断。价值因素贯穿于权利制度存在的始终。

利益的正当性评价结果即正当利益在法律上具体表征为权利,从而沟通了利益、正义与权利三者的关系,即正义是评价利益正当性与否的程序,也是正当性评价的结果。因而正义是权利的核心内容,又是利益走向权利的桥梁。❶受法律保护的只能是正当利益,只有经过正义评价的利益才能成为权利。作为法律制度的构建基础和法哲学的基本范畴,权利成为法律价值的承载者。由于权利自身的价值贯穿,权利成为评判法律实践最为有力的理性标准。德沃金指出,在建构我们的法律原则以使其反映我们的道德原则的过程中,我们创造了权利。权利保证法律不会引导或者允许政府去做它的道德身份之外的事情;权利保证法律运用能够使政府对其行为负道德责任。权利给予我们法律"正当"的信心。权利给人们以保障,保障人们的法律受道德原则的指导。❷

无论是采取著作权—邻接权二分的作者权体系国家还是对此未作区分的版权体系国家,邻接权保护的对象大多是置于著作权制度体系下进行保护的。邻接权进入著作权制度体系,邻接权人在作品的传播环节上获得利益分配,邻接权逐渐发展成为内容更加广泛的权利,那么邻接权作为法定权利必须经得起社会成员的正当性评价才能获得权利的稳定性。基于邻接权与

---

❶ 彭诚信. 主体性与私权制度研究——以财产、契约的历史考察为基础 [M]. 北京:中国人民大学出版社,2005:189.

❷ [美]德沃金. 认真对待权利 [M]. 信春鹰,吴玉章,译. 北京:中国大百科全书出版社,1998:3-21.

著作权的密切关系，邻接权的正当性也不应偏离著作权制度的基本原则和价值判断。

第二节　法哲学转向对私法理念的影响

一、西方社会的法哲学转向

西方中世纪晚期，随着宗教改革和个人主义的张扬，以人的理性为核心的古典自然法理论出现。虽然古典自然法理论实际推动了法典的编纂，并在人们心目中牢固树立了人格平等、意思自治等法律观念，但由于过于重视人的理性甚至道德规范与法律互不区分，在法学理论的层面上，古典自然法理论无法圆满解释人的理性与法律制度本身的关系。面对法律本质的追问，古典自然法理论陷入了"以子之矛，攻子之盾"的尴尬境地，因而当19世纪君权与教权问题得以顺利解决后，古典自然法理论逐渐淡出了理论家们的研究视野。

边沁强烈反对自然法理论，建立了以快乐与痛苦作为衡量道德与立法标准的功利主义学派。边沁认为，"权利在本质上是其享有者的便利与利益"[1]。建立在个人主义基础上的功利主义理论，主张实现个人的"最大幸福"，法律制度在于实现个人利益的最大化。但是当个人在追求最大利益时，如何协调与他人或者社会共同体的利益，这对于个人功利主义来说是一个困境。德国法学家耶林摈弃了个人主义立场，倡导一种"社

---

[1] Jeremy Bentham. The theory of Legislation. edited by C. K. Ogden. English translated from the French of Etienne Dumont by Richard Hildreth. London: Kegan Paul, Trench, and Co. LTD, 1931: 89, 93.

会功利主义"（social utilitarianism）的学说——以社会利益的追求作为利益衡量的最终法律目的。❶ 这一学说表面上为个人功利主义解决了上述难题。但是社会功利主义仍无法解决资源的公平分配问题。即使社会福利的总和增加了，如果分配是不公平的，则可能发生一部分社会成员承担成本，另外一部分社会成员享有福利，或者以社会的整体利益的名义牺牲部分社会成员的利益的现象。当功利主义通过否定"自然权利"来实现权利的可量化性时，它同时抛弃了具道德性的"自然权利"之下的权利伦理内涵。然而法律与道德之间的区分是否能够泾渭分明？❷

19世纪由法国哲学家孔德（Auguste Comte）创立的实证主义哲学，结合了当时各民族国家建立，制定或准备制定法典的进程，成为取代自然法理论的新的哲学导向。法律实证主义与国家主义思想相结合，认为"利益"和"法力"构成权利概念的两个要素。这两个要素排除了权利概念中的道德因素，更加剧了权利趋向非伦理化。按照实证法学的理论，在法学领域，权利的正当性仅指权利的合制度性与合规范性，它不承认法律权利的正当性与道德有关，将权利的正当性完全取决于制度和规范本身，这种理论的形成与当时自然法理论受到普遍的怀疑和批判不无关系。马克斯·韦伯指出，由于自然权利丧失了任何可信性，从而无法构成法律体系的基础；自其中产生的

---

❶ Jhering, supra n. 10. Appendix I. Rudolf von Jhering, witten by Adolph Merkel, English translated by Albert Kocourek, 448.

❷ 李永军，主编. 民事权利体系研究 [M]. 北京：中国政法大学出版社，2008: 11.

怀疑主义，也对价值的功能与其成立的理由产生了质疑。❶ 但是一味地反对法律与道德之间的关系，甚至对权利建立的价值理念都予以批判，仅由法律本身来自证权利的正当性，对法律的评价程序限制为对形式意义上的审查，使得这种程序也失去了意义。由于实证主义对道德因素的排斥，无力对各种形式的法律作出判断，与法哲学的基本原则发生背离。正因为如此，法律实证主义经过19世纪的兴盛，到20世纪人们开始思考法律的道德基础，出现了"自然法复兴"的理论活动。当然这不是古典自然法理论的简单恢复。这一时期的学者们认真吸取实证主义与功利主义的有益见解，同时在积极地寻找道德与法律之间的内在关系。

所有这些均表明，将法律与道德做泾渭分明的划分是不现实的。承认"自然权利"的存在与法律的泛道德化之间并不具有必然联系。在这一点上，康德以"动机原则"为标准，将立法区分为道德的立法与法律的立法。以此为基础，康德又进一步在法律中区分自然法与实在法，认为实在法应以自然法为基础，或者说自然法是判断实在法是否合乎正义的标准。❷ 区分道德与法律和承认自然权利之间存在兼容性，自然法成为实在法正义性的判断依据，从而可以对与实在法相联系的国家权力进行制约。

在历史发展的进程中，自然法开始不断被赋予越来越深远与丰富的内涵。西塞罗是西方古代自然法哲学的集大成者，他

---

❶ [德] 马克斯·韦伯. 经济与社会：解释社会学的概况（二卷本）[M] // [法] 夸克. 合法性与政治. 佟心平，王远飞，译. 北京：中央编译出版社，2002：28.

❷ [德] 康德. 法的形而上学原理——权利的科学 [M]. 沈叔平，译. 北京：商务印书馆，1991：27.

将古希腊斯多葛学派的自然法观念正式引入法律领域，形成了西方法律思想史上第一个完整的自然法学体系。自然法的最高性、普遍性和永恒不变性这三大特性首次得以确立，从此成为自然法学的主题。西塞罗认为，法源于自然，而自然与理性具有天然的联系，事实上存在着一种符合自然的、适用于一切人的、永恒不变的、真正的法——这就是自然法，它是最高的理性，并且体现了正义，"人类法律受自然法指导"。自然法追求正义秩序的理念自冲突法萌芽之初就成为其价值取向的精神内核，即认为法律应当关注某种应然性，其本身是一个价值系统，必然反映一定的价值关系。自然法学家及其他一切理性思想家们虽然没能认知权利的真实来源与本质，但他们从自然的"天赋"理性法则出发，设法证实权利的绝对与神圣，使权利不得为现实法律背离的良苦用心，为后人尊重权利、崇尚权利提供了理性思维的标准。[1] 自然状态、自然法、自然权利和社会契约论构成了古典自然法理论的基础。自然法思想一方面为17、18世纪欧洲革命提供思想帮助，另一方面，也成为评价、判断现成社会制度及现有法律"善恶"的价值标准。

针对功利主义的缺陷，罗尔斯发展出一种可以和功利主义抗衡并能够替代它的道德哲学，它不仅符合人们的道德直觉而且在制度上具有可操作性。罗尔斯提出，正义不是个人品质问题，它的核心是社会制度的结构，是社会分配基本权利义务的方式，也是通过社会合作产生利益的方式。在罗尔斯看来，正义是社会制度的首要价值，正像真理是思想体系的首要价值一

---

[1] 眭鸿明．权利确认与民法机理［M］．北京：法律出版社，2003：52．

样。❶在罗尔斯的正义原则中,差别原则的适用显然不以绝对正义为目标,而是在绝对基础上与相对之间作出了适当调和。自然法的绝对正义也并非绝对不容许相对因素的存在。这就使得该理论在实践中获得了巨大的生命力。

社会发展到 21 世纪,情况发生了转化——这两种原本对立的理论不再两极分化。研究自然法的学者认为现有理论对自然法的批判是一种误解,其根源在于"未能依照自然法理论家在很大程度上一贯自觉加以运用的定义原则来阐释这些理论家的文本"❷。自然法理论化的传统所关切的并不在于缩小实定法的范围和确定力,或者实在渊源作为法律问题解决方法的一般充足性。自然法传统的关切点在于表明"实在化"法律的做法是一种能够而且应该受到"道德"原则和规则指导的行为;那些道德规范属于客观理性,而不是以往的惯例,或纯粹的"决定"。单单考察"道德"来影响法律的事实并不能令人满意,试图确定实践理性的要求到底是什么,从而为立法者、执法者和个人的行为提供一个理性基础已成为自然理性的标志。权利观念从建立在古典自然法主义基础上的先验理性,逐渐转为符合人的理性的实践性理性,而这种实践性理性受价值合理性的道德支配。

二、财产权理念的变迁——以美国为例

随着人类科学知识和文化思想模式的不断变化,财产法理

---

❶ 信春鹰. 正义是社会制度的首要价值 [J]. 读书, 2003 (6).
❷ [美] 约翰·菲尼斯. 自然法与自然权利 [M]. 董娇娇, 扬奕, 梁晓晖, 译. 北京:中国政法大学出版社, 2005:22.

念也相应地发生着演化，但财产法理念中的个人利益和社会利益总是相连在一起，就如同整体和部分是相互关联和相互依存的一样，寻找个人和社会之间的利益平衡是财产法发展的趋势。

在古代和中世纪，人类关于自然和社会的认识，坚持以有机论为主导的世界观，即强调宇宙是一个不可分割的有机整体。这种思想模式对哲学思想产生着影响，亚里士多德在其《政治学》中将国家描述为自然的创造物，国家先于个体而存在。体现在古代和中世纪的财产法理念上，公共福祉为财产法理念的核心，人们普遍认为私有财产权应受到社会义务的制约。私有财产法虽然是建立在自然法基础上的，但它的立法目的是实现公共事业的发展，保障和平和秩序。

科学革命和市场经济的出现，使宗教领域和世俗领域的有机论开始走向衰落，机械—原子论思想模式逐渐成为西方社会的主流模式，并一直持续了近三百年。❶ 强调个体独立性而非整体关联性的立场影响了洛克的财产权利理论——洛克的财产权理论充分彰显出个人主义的基本特征。虽然洛克的个人主义财产权理论与格老秀斯和普芬道夫的理论一脉相承，都是建立在自然法的基础上，但是"洛克的财产学说以及他的整个政治哲学就哲学传统而言都是革命性的。通过将重心由自然义务或责任转移到自然权利，个人、自我成为道德世界的中心和源泉"❷。作为培根创造与征服世界思想的忠实信仰者，洛克提

---

❶ 王铁雄. 美国财产法的自然法基础 [M]. 沈阳：辽宁大学出版社，2007：109.

❷ [美] 但宁. 政治学说史 [M]. 中册. 谢义伟，译. 上海：神州国光社，1931：288.

出劳动价值理论,即理性人通过劳动征服自然并获得财产的自然权利理论。在洛克看来,劳动成为获得财产的依据,一方面是因为"上帝将世界给予全人类所共有时,也命令人们要从事劳动"❶,另一方面劳动也是保全自己和他人的义务所要求的改良和增加价值的活动。洛克的个人主义财产权理论由英国著名法学家威廉·布莱克斯通所继受。与洛克相比,布莱克斯通证明了财产权是永恒的自然法所赋予的个体的完全的绝对权利,而所谓绝对权利指权利存在于国家形成之前。❷ 同时,财产权不仅是具有排他性获得、使用和处分占有物的综合概念,而且也是一种和个人的其他道德权利结合在一起的道德权利。洛克和布莱克斯通的不受限制的绝对财产权观念与鼓励征服土地、开发资源的财产权理论在美国建国之初影响到美国财产权立法以后,财产权理念在美国得到了进一步的发展。

19世纪上半叶,私有权利最大化和社会责任最小化的财产权理念符合了建国初期美国的开创者们的意愿,受强调政府保护财产权的洛克个人自由主义和强调对个人行为自由最少干预的边沁个人功利主义影响,美国财产法理念主要是体现出对个人自我主张最大限度保障的工具主义价值观。美国财产法立法的主要目标是保护个人财产权。但在财产法理念中如何平衡个人利益与社会利益之间的关系一直存在着争论。

进入20世纪以后,美国的生活现实发生了变化,财产法理念在现代整体论文化模式的主导下开始强调社会因素,布莱

---

❶ [英] 洛克. 政府论 [M]. 下篇. 叶启芳, 瞿菊农, 译. 北京: 商务印书馆, 1981: 21-22.

❷ [澳] 凯尔森. 法与国家的一般理论 [M]. 沈宗灵, 译. 北京: 中国大百科全书出版社, 1996: 493.

克斯通的个人绝对权利发展为霍菲尔德所假设的社会相对权利。霍菲尔德颠覆了绝对财产权观念,认为财产权是社会的产物,其"实质上是主体之间就一定资源或物的一束权利、义务和相互关系"❶。20世纪前半期,美国财产法理念的发展表现为个人的放任主义让位于福利国家;奉行国家干预政策,强调财产的合理使用和禁止权利滥用。总之,社会利益得到重申,此时的个人利益被置于较低的位置。❷ 而20世纪后半期,美国的财产法更注重社会的整体关联性,财产法中的公法因素增强,财产所有者担负着越来越多的社会责任。已经发生变化的财产权观念并未否认个人对财产的占有、使用以及处分的权利,但是更多地考虑到社会利益。如默示担保理论,妨害原则、公共信托原则与环境保护理论、征用权原则以及警察权管制理论的设置均体现出对财产权利人社会责任的增加。当然社会责任的增加并不表示对个人权利的漠视,社会利益存在于个人生活之中,个人利益与社会利益息息相关。当前个人利益和更占优势的社会利益之间的平衡构成了现代美国财产法理念的核心。耶林曾说过,"法律的目的是在个人原则与社会原则之间形成一种平衡"。❸ 随着美国财产法理念由强调个人财产权绝对化向个人财产权的相对化和社会化方向发展,这种平衡表现为从一种过分强调个人权利向更占优势的社会利益转变。在

---

❶ See Sukhninder Panesar. General Principles of Property Law [M]. Pearson Education Limited, 2001:17.

❷ [美] 伯纳德·施瓦茨. 美国法律史 [M]. 王军, 等, 译. 北京:中国政法大学出版社, 1990:213-216.

❸ See Jhering. Law As a Means to an End [M] // [美] E. 博登海默. 法理学:法律哲学与法律方法. 邓正来, 译. 北京:中国政法大学出版社, 2004:109.

这种转变过程中，无疑体现出美国财产法理念中人的理性的实践理性主义在逐渐渗透。

由此看来，"版权是自然权利"不过是承认版权的产生合乎自然理性，这与版权受公共利益的限制其实并不矛盾。但仅仅是因为在文学产权辩论中，洛克的"劳动财产权"理论被偶然地用以论证人们对劳动成果取得财产权的合理性就以此推导出版权的永久性也是说不通的。如上文所述，洛克的劳动财产权理论体现出哲学观念的自成一体，但是不能作为著作权法的基本理论予以直接应用。在现代版权理念产生之初，法学方法论的发展不足，引发了这一结果。对于一种财产权而言，追求永久性本身就带有强烈的理想主义色彩，在现实中一定碰壁。而主张版权有限期的一方则避开版权的自然理性，转入实证的利益衡量，即考虑授予版权的结果会怎样。于是，版权的合理性从本体论转向了结果论证，从此版权保护穿上了"工具主义"的外衣。这是由自然法主义的历史局限所决定的，但是不能以此说明版权本体的不可认识，或者认为这种方法是错误的。洛克的劳动财产说证明版权的产生源于人的创作理性，这一点是毋庸置疑的。版权制度从产生之初就是为了解决出版商和作者之间利益分配问题，版权具有利益分配的工具性不容否定，但是在版权法律关系中涉及作者、作品使用者、传播者的利益关系以及社会公众对作品的利用，如何协调他们之间的利益关系，如何在作者个人利益与社会公共利益之间寻求平衡，仅仅依据功利主义已经无法解决上述问题。美国财产权理念的演变正说明了在权利时代下人们对自身利益的道德反省。国家立法如果仅以功利主义为基础的哲学背景，单纯以追逐利益为目标，偏离本国的法律文化，忙于模仿，法律体系必然会呈现出强烈的"人造法"特征，法律制度因缺少正义价值的导向而无法稳定。如果我们认识到权利本身应内含某种道德正当性，却又只流于对国际公约的非理性追随，将无助于解决国内立法与实际问题中的脱节。

第三节 版权体系与作者权体系相融合的价值取向

一、著作权制度中的基本矛盾

在西方社会，秩序、公平和个人自由是法律的基本价值。法律作为一个整体一直在力图寻找三个价值的地位。而对法律性质进行解释的法律理论总是倾向于在某个特定时间里强调这三者当中的一个。

著作权的理论内涵，使得著作权负载着多重价值观念和意识形态。知识的个体性和社会性统一在一个客体中，都是知识的属性，但两者又是相互对立的。知识的固有特征成为著作权制度基本矛盾的根源。

知识本身不具有专有性，只有知识和具体的人结合起来，知识的专有性才得以诞生。就具体知识而言，个人在创造知识时发挥不可或缺的作用。如果没有单个人对智慧的贡献，就没有人类共同智慧的发展。从18世纪开始，天赋、品位、判断和想象等能激发作者的思维的东西成为导致艺术和现实之间存

第四章 视角转向：著作权制度的价值取向

在差异的原因。❶ 文学作品中的个体创作体现得更加充分。库姆（Coombe）曾指出，在有关创作的建构中，作者代表着一个自主的个体，作为作者，世界上一切可以接触的"思想"，都可以转变为他的"表达"，他凭借不受任何约束的想象力创造出"作品"。通过这种劳作，他对作品的占有和控制由其表达行为而成形。只要作者没有复制另外一个人的表达，他就可以随意寻找他的主题、情节、思想。❷

同时知识又是公共产品，某人对某项知识的使用，并不会妨碍其他人对该知识的同时使用。"知识"被经济学家称为一种纯粹的公共产品，意味着它的消费是非竞争性的，它可以被许多人消费，而不会损耗。与此同时，由于高科技的发展，信息传播的成本越来越低，甚至接近于零，在很多情形下，很难认定和防止那些没有支付费用而使用信息的人。如果从一个使用行为产生的利益其边际社会成本是零，禁止那样的使用只会施加不必要的社会成本。事实上，通过复制信息、传播思想增加了可利用的公共资源，结果不是一种悲剧，而是每个人都可以获益的喜剧。❸ 共享是知识的客观属性，知识创造的基础依赖于社会提供的资源。某些知识的创造必然要利用前人创造的和传承下来的可用知识及当代他人创造的可用知识。在人们学会处理特定问题之前，需要从以往的知识积淀中不断吸收和积

---

❶ M. Abrams. The mirror and the lamp [M] // ［澳］布拉德·谢尔曼，［英］莱昂内尔·本特利. 现代知识产权法的演进：英国的历程（1760～1911）. 金海军，译. 北京：北京大学出版社，2006：41.

❷ Rosemary J. Coombe. Cultural and intellectual property: occupying the colonial imagination. Political and Legal Anthropology Review, 1978: 8 – 15.

❸ 何炼红. 知识产权财产化批判与超越 [J]. 时代法学，2005（5）：49.

累,正是这种积累成为其进行发明创造的基础和原动力。作者在运用语言、文字、逻辑等技巧时固然体现了作者的个体性特征,但是这些技巧性的表达都是人类在生存和交往过程中日积月累的积淀中形成的。知识的个体性和社会性矛盾成为著作权制度发展过程中无法回避的争论根源。支持著作权扩张的人往往以"知识的个体性"为论证基础,强调对个体创造性的保护,而反对著作权扩张的人则立足于"知识的社会性",强调对公众利益的维护。在著作权制度发展过程中,科学技术的发展对权利的扩张起到了举足轻重的作用,同时也冲击着著作权制度的合理性。实际上,科学技术所冲击的是著作权内部知识的个体性和社会性配置的格局。协调好著作权制度内的这个基本矛盾是著作权制度得以延续发展的关键。杰西卡·利特曼通过对美国版权法的调查发现了一个明显的变化,由于私人参与著作权立法维护他们的利益,每当新的技术出现,参与者进行合作以勾画出更广泛的权利,有限的、针对特定行业的条款被加进来,著作权享有者得到了更广泛的权利。这样的立法过程趋于排除公共因素,以牺牲使用和重新使用享有著作权的信息这一公共利益为代价。知识创造与普及之间的矛盾,直接影响到著作权制度本身的正当性,福瑞认为,在某种程度上,创新不是由技术上的突破去驱动,而是对现有技术的常规开发。某种意义上而言,研究与发现的本质是积累,大多数的创新都是站在巨人的肩膀上。采用排他性的财产权体制妨碍了现有知识的广泛传播,对创新产生巨大的影响。[1]

---

[1] [美]苏珊·K.塞尔.私权、公法——知识产权的全球化[M].董刚,周超,译.北京:中国人民大学出版社,2008:15-17.

第四章 视角转向：著作权制度的价值取向

著作权制度内含的基本矛盾，是版权体系国家和作者权体系国家共同面对的。著作权法的目标正在于确保思想和作品广泛地传播，以促进无补偿的正外部性。著作权法的正当性，仅仅存在于确保创造者能够控制一个足够高的价格以有足够的利润能够抵消他们的固定成本和边际成本。一般而言，创新者的财产保护的时期越长、范围越广，创新思想的激励越强，但传播和应用它们的激励也就越弱。高科技行业的发展对经济学理论和政策都提出了挑战，几乎所有有关知识产权的问题都还未有定论，这一事实使得这个领域既令人兴奋也令人困惑。❶然而盲目求助于各种非功利主义基本原则也是一个错误，人们基于不同的原理甚至可以直接得出相反的结论。单纯求助于一种财产权模式或者是公共领域主张，都不会在知识产权和竞争性市场之间实现有效的平衡。❷两大体系的发展过程中由于法哲学观念的分野导致两大体系著作权制度内容出现差异，即使在著作权制度自身的理论尚未完善的情形下，两大体系各自的著作权权利内容本身均已经扩张到每一个具有经济价值的角落。这样的扩张甚至使著作权制度违背了设立之初的宗旨——保护作者个人利益与公共利益并重，由此带来著作权制度本身的正义性遭到怀疑。在财产权理论已经由保护个人利益向着更注重公共利益的趋势发展的情形下，著作权制度也必须自我反省。

理查德·斯托尔曼（Richard Stallman）在20世纪80年代在计算机软件领域发起了开放源代码运动，即"Copyleft"运

---

❶ [美]罗伯特·D. 考特，托马·S. 尤伦. 法和经济学 [M]. 第3版. 施少华，姜建强，等，译. 张军，审校. 上海：上海财经大学出版社，2002：111.

❷ 何炼红. 知识产权财产化批判与超越 [J]. 时代法学，2005（5）：52.

动。他公开指责在程序的使用和修改中所设置的障碍，也谴责在传统版权模式下软件所有者可能获得的过度保护。从"copyleft"一词的构词法就体现出其与"copyright"的对立，"left"意味着对版权的放弃，在"copyleft"理念下，权利人对依据作品产生的权利自由处分，对原本独占性的权利能够加以选择地使用。开放源代码和copyleft的狂热支持者宣称copyleft敲响了版权死亡的丧钟。"copyleft"理念随后被推广应用于计算机软件之外的其他作品。斯坦福大学法学院教授劳伦斯·莱斯格提出的一种新型的版权许可协议，即"CC公共版权"（Creative Commons License）理论，通过使用CC公共版权，权利人可以非常方便地选择符合自身意愿的、与版权相关的使用条件。其中最重要的是，非商业使用可以不经作者同意而直接转载，因而大大提升了作品传播的灵活性。虽然著作权的支持方否认著作权的死亡，认为"copyleft"规则和"CC公共版权"协议方式，实际上正是以版权作为至关重要的法律基础才能有效地运作。无论著作权制度死亡与否，这些理论的产生均说明了著作权制度自身存在着重大的理论缺陷，面对新技术产生新的问题，著作权制度无法自圆其说，更加剧了著作权制度的动荡。

二、著作权价值取向回归原点：鼓励知识创造和增进公共利益并重

源于邻接权与著作权的密切相关性，邻接权的价值体系应归属于著作权的价值体系中。那么著作权的价值体系是怎样的呢？

著作权制度之目的与价值的各种探讨，基本上是在两种利

益和价值目标之间作出选择：一个是著作权法所欲实现的私人利益；另一个是在该直接利益之外寻找更深层、更宏观或更具超越性的价值目标。可以说，前者是著作权制度的规范价值，后者则是其社会价值；前者是后者的手段价值，后者则是前者的目的价值。❶ 著作权的价值基础往往被确定为此二者之一，或者是两种利益或目标在某种逻辑上的组合。著作权体系在整个法律体系中隶属于民法体系，著作权价值的定位，要遵循法律体系的层次划分，因而著作权法应首先表现出普通民法的一般共性，同时也要表现出自身的目标追求。作为法律基本价值的公平具有丰富内涵，体现在著作权法价值中是利益分配公平，即著作权制度的设立应有助于在相关主体之间公平地分配利益，这是著作权制度体系的内在价值。而著作权法的社会价值之一就是通过保障作者的经济权利和人身权利，充分调动文学、艺术和科学领域研究人员的积极性和创造性，鼓励他们创作出大量优秀作品，为社会提供精神动力和智力支持，满足人民群众日益增长的精神文化需要，进而促进整个社会的精神文明建设。国家的建设和发展在很大程度上有赖于其人民的创作力，而要求国家进步必须鼓励人民的创作力❷。正如《伯尔尼公约指南》前言所说，鼓励智力创作是所有社会、经济和文化发展的基本前提之一。

权利是法律用以确立、分配并保护利益的手段。版权利益分配的正当性问题在现代版权产生的过程中就已经得到解决。从版权利益的产生与流转过程来看，出版商通过复制一部作

---

❶ 卓泽渊. 法的价值论 [M]. 北京：法律出版社，2006：138-142.
❷ 汤宗舜. 著作权法原理 [M]. 北京：知识产权出版社，2005：14.

品，并将复制件投放市场进行交易之后，获得了金钱收益，这种利益是客观存在的，而且在这种利益背后，是出版商的资金与劳动的投入，其利益的存在有正当的基础。可是在出版商之前是作者的创作活动，作者的创作劳动应当获得利益，这种利益也有正当的依据。面对两种利益，究竟哪一种利益是版权保护的正当利益呢？最终的结果显而易见，独创性作品利益的保护是著作权保护的正当利益。著作权设立的初衷是保护作者因创作作品而产生的利益。因此，在著作权法范畴下，在作品利益产生与分配的机制中，作者可以获得著作权，而出版商仅是作品的获取者、使用者、经营者，他必须承担向作者支付费用的义务。法国已故的版权学者亨利·德斯波伊认为：作者是以其创造者身份受到保护，因为一种纽带把他与他所创造的对象连在一起。作品的版权应该归属于对作品作出实质性贡献的人，包括作者以及被视为作者的法人或其他组织，这即是著作权归属中的"创作人原则"[1]。

　　作为一种利益分配工具，著作权进行利益分配的立足点在于独创性劳动——正是作者对作品作出的独创性贡献使得作者可以支配对作品以各种方式使用所产生的经济价值，尤其在作者权体系国家，更认为创造了体现出作者人格的作品，是作者获得著作权的源泉。对独创性创作行为结果进行保护，从而鼓励知识的创造，是著作权制度内部自始至终应当坚持的价值取向。随着信息技术的发展，著作权权利内容的扩张所带来的对公众社会利益的影响，著作权的个体性与社会性的矛盾成为版

---

[1] [德]M.雷炳德. 著作权法[M]. 张恩民，译. 北京：法律出版社，2005：181.

权体系和作者权体系面临的共同矛盾。在不否认著作权制度利益分配的工具性基础上,以自然法为哲学导向对作者应有权利的理性审视,是坚持著作权鼓励知识创造价值取向的基石。当然此时的自然法观念早已摆脱"天赋神授"的神权外衣,不是用以说明著作权的永久性,而是强调权利与正义的一致性,用以检验权利的赋予是否合乎理性。"规则、原则遵循道德标准的这一趋势确为法律成长的正道,但这并不意味着暂停所有的规则和原则,替之以感情用事或是漫无节制的乐善好施,这些走到另一个极端,完全变成了对所有法律的否定"。[1]

著作权法内在价值的实现不应对外在价值造成不利影响,这是处理著作权多元价值关系的基本准则。文学艺术的创作与传播是著作权法调控的对象,而促进文化繁荣,增进公共利益是在著作权制度多方面的社会价值中最直接、最核心的方面。对社会公共利益的考量,将是实现著作权外在价值的指引。

不同国家处于不同的发展阶段,往往具有不同的价值选择偏向。通常认为作者权体系国家遵循自然法主义,侧重对作者权利的保护,而版权体系国家遵循功利主义,侧重于整个社会的利益衡量,而两大阵营在不同法哲学基础导向下,事实上却殊途同归地走向了著作权的扩张之路。当出现新种类的作品对象要求获得著作权保护时,立法者通过与既有权利的比照达到新权利设置的目的。而当享有著作权的保护对象出现新的技术性用途时,无论是否供私人使用,立法者都会迅速扩大著作权。这体现在:著作权的保护期限得以延长,著作权的对象范

---

[1] [美]本杰明·N.卡多左.法律的成长、法律科学的悖论[M].董炯,等,译.北京:中国法制出版社,2003:135.

畴不断增加，著作权享有者拥有了更多的权利控制其作品的使用，而且对侵犯著作权行为的处罚也更为苛刻。尤其是网络技术的发展，更加速了著作权扩张的步伐，甚至技术保护措施的实施，著作权人通过文件加密、逻辑口令、文件格式限制、数字水印及防火墙技术等措施，突破了法律对权利的限制，更加侵蚀了公共领域的利益。实践中，为了确保作品的所有者获得其作品所有的社会价值，法官广泛运用财产权理论，将著作权中的搭便车行为予以消除。著作权法原有的鼓励知识创造和维护公共利益的伦理性价值，迷失在利润、效率、秩序追求中。有学者甚至提出了版权的回归——依赖于财产的经济学理论，版权应该是永久的。❶一味地坚持功利主义或者自然法理论的权利观只能使著作权制度运行与应然的制度价值背道而驰。过度的权利扩张现状造成了著作权制度本身被质疑。著作权理念面临着被批判与被超越——这究竟是著作权本身的问题还是其在制度运行中的短暂迷失？

著作权制度的价值取向须重回原点——鼓励知识创造，增进公共利益。虽然"激励说"早已在论证著作权正当性时揭露出著作权制度不会必然带来鼓励作品创作的结果——在著作权制度建立之前，社会中依然存在具有独创性的作品。我国也有学者认为，著作权的对象实际上是一种财产的标的，著作权乃至知识产权在本质上都是纯粹的财产权，无力承担"鼓励创作与传播"的重任，"知识产权制度应当走下'鼓励创造'的神

---

❶ [美] 威廉·M. 兰德斯，理查德·A. 波斯纳. 知识产权法的经济结构 [M]. 金海军，译. 北京：北京大学出版社，2005.

坛，步入'分配利益'的俗境"。❶ 因此，著作权制度的功能不必遮掩在"鼓励创作与传播"的外衣之下，二者的基本功能在于分配财产利益，只是分配的标准有所不同。

然而从另一方面来看，如果著作权制度不以强调鼓励知识创造为价值取向，则个人追求利益的逐利心理必然带来社会文化的虚假繁荣。个人追求利益扩张的欲求本性与要求人们互相妥协以实现共赢的社会本质存在着冲突。而各国经济发展的事实证明，利益冲突最终只能通过实现利益均衡来解决。那么，以表征利益或不利益的权利义务机制为基本内容的法，无疑是追寻并确立这种利益均衡最直接的，最有效的调剂器。对于整个社会的文化艺术进步，著作权制度有责任担当起导向作用。

体系化是一个不断追寻知识的整合并证明整合基础的科学性的过程。❷ 在邻接权产生之初，一向以体系化著称的大陆法系国家在著作权领域形成了与其社会制度、文化观念相融合的稳定的作者权体系。"在法律的每一种制度内，都存在一些人为的机制，通常而言，主要是为了促进便利、安全或其他形式的公共利益"。❸ 对于邻接权概念恰恰出现在以严谨、理性著称的作者权体系中，多数人认为，邻接权与著作权相区别，是作者权体系所遵循的权利设权原则不可融合的产物，邻接权的出现侵蚀了作者权体系著作权制度的根基。邻接权制度正是作者权体系封闭性的回应。相对于作者的著作权而言，邻接权究

---

❶ 李琛.论知识产权法的体系化 [M].北京：北京大学出版社，2005：140 - 141.

❷ 李琛.论知识产权法的体系化 [M].北京：北京大学出版社，2005：117.

❸ [美] 本杰明·N. 卡多左.法律的成长、法律科学的悖论 [M].董炯，等，译.北京：中国法制出版社，2003：135.

竟是体系原则外权利扩张的产物,还是和著作权具有同样的设权基础,仅仅因掩盖在利益的外衣之下,难以被识别?关于作品的定义,《伯尔尼公约》在1886年制订时曾将其表述为"任何产生于文学、艺术和科学领域,并能通过复制的形式公之于众(的表达)",这样的定义对录音、广播节目都是适用的,然而在1908年的柏林修订会议上,这一条款被删除。英国斯图瓦特教授认为,该条款即使经过一个世纪以后仍然比后来修订的内容更为先进。如果该条款没有被删除,那么《伯尔尼公约》后来遇到的许多难题,尤其是1948年新修订会议上关于唱片和电视广播的规定适用困难就可能避免,也可能就没有必要创设邻接权观念。❶ 由此可见,邻接权与著作权原本是可以归纳到作品的概念中。本着体系化思维的惯性,本书立足于寻求邻接权与著作权共存于著作权法律体系中的正当性基础。源于邻接权与著作权的密切相关性,邻接权的价值体系应归属于著作权的价值体系中。"只有当对象的共性有可能用统一或相似的规则去调整时,选择这些对象组织成一个独立的体系才具有制度意义"。❷ 在这样的原则下,邻接权的本质应当在作品的创作与使用中保证利益的公平分配,从而有利于在整体性经济文化发展的价值判断下来重新认识。

第四节 本章小结

H. 李凯尔特认为,价值决不是现实,既不是物理的现实,

---

❶ See Stephen M. Stewart. Internartional Copyright and Neighboring Rights. Buttetworth & Co. (Publishers) Ltd., 1989 (second edition): 102~103.

❷ 李琛. 论知识产权法的体系化 [M]. 北京:北京大学出版社,2005:120.

也不是心理的现实。价值的实质在于它的有效性（geltung），而不在于它的实际的事实性（tatsace chlichkeit）。但是，价值是与现实联系着的：首先，价值能够附着于对象之上，并由此使对象变为财富；其次，价值能够与主体活动相联系，并由此使主体的活动变为评价。❶ 所以，作为研究文化事实和现象的法学，自然也离不开价值的观点及评价行为。

自古以来，人类在不同的时空条件下探索和实践权利正当性的历程，就是人类文明发展的历程。权利正当性的实质在于谋取社会"优良的生活"和最大多数人的最大福祉。作为人类得以存在的价值根本，权利正当性具有优先性，它是社会发展的根本动力，是国家与社会、政治家与公民有效结合的基础。权利的本源在于正当，只有正当的利益才能够上升为权利。权利制度自身就蕴含着价值的贯穿。

哲学观念在权利的形成过程中通过影响权利制度的价值取向而产生着非常重要的作用。对权利本质的关注、一心想从形而上的角度捍卫权利的正当性，是一种自然法的思路。❷ 自然法观念在18世纪的地位相当重要，在版权理念产生之初成为论证的有力工具，但是随着反对宗教的思潮涌现，自然法观念渐趋弱势，到了19世纪则是功利主义和实证主义开始向法学渗透。在功利主义和实证主义法哲学理念主导下，著作权制度走向繁荣，作者的权利得以顺利地扩张。功利主义最大的弱点是它无法解决资源的公平分配问题。经常发生的情况是，社会

---

❶ ［德］H. 李凯尔特. 文化科学与自然科学 [M]. 涂纪亮，译. 北京：商务印书馆，2000：21.

❷ 李琛. 论知识产权法的体系化 [M]. 北京：北京大学出版社，2005：57.

福利的总和增加了，但它的成果和成本的分配则是不公平的，最糟糕的情况是一部分社会成员承担成本，另外一部分社会成员享有福利，或者以社会的整体利益的名义牺牲部分社会成员的利益。针对功利主义的缺陷，罗尔斯发展出一种可以和功利主义抗衡并能够替代它的道德哲学，它不仅符合人们的道德直觉而且在制度上具有可操作性。罗尔斯提出，正义不是个人品质问题，它的核心是社会制度的结构，是社会分配基本权利义务的方式。[1]

伴随着网络技术的发展，著作权扩张的态势已经到了危及著作权制度本身。两大对立的法哲学阵营不再极端分化，自然法哲学经过发展已经被赋予了越来越深远与丰富的内涵，试图确定实践理性的要求，从而为立法者、法官和公民的行为提供理性基础成为自然法哲学的标志。法律发展过程中的伦理性越来越受到重视。这一转变，影响到财产权的理论建设，如美国的财产法就经历了从注重个人利益为主向社会利益更占优势的方向转变。同属于财产法，著作权法的理念也应当服从于整个财产法的发展趋势，同时著作权制度中自身的基本矛盾，决定了著作权制度的价值取向转向起点：鼓励知识创造和增进公共利益并重。这是版权体系和作者权体系融合下的共同方向。

---

[1] 信春鹰. 正义是社会制度的首要价值 [J]. 读书，2003（6）.

第五章　邻接权本质追问

罗素曾经指出，"本质这一概念是自从亚里士多德以后直至近代的各家哲学里的一个核心部分"，其历史重要性是不容忽略的。但是本质问题却"纯粹是个语言学的问题"，其意义仅仅在于为了方便人们使用特定词语来指称某一事物。❶ 由于认识能力的有限性，人们对概念的理解往往是结合所处的特定语境而得出的。因而在讨论问题时，我们并不能奢求追寻到事物的"永恒本质"，重点是如何在给定语境之下把握本质。

在著作权法理论中，邻接权与著作权的划分虽然已经成为一种通说，但是对邻接权的理论追问一直都在进行。

"邻接权是指作品的传播者就其传播作品的过程中付出的创造性劳动和投资所享有的权利。其中作品的传播者，包括表演者、录音制作者、广播组织。"❷ 此种理论将表演、录音和广播制作行为与创作相区别，认为这些行为只是由于付出了劳动和投资。显然，这种划分在逻辑上是有缺陷的。作品的本质特征是"具有独创性的表达"，这是一种基于结果的判断，而不是基于行为的判断。表演、录音、广播制作等行为产生的结果可能有独创性，也可能没有独创性，具有独创性的传播，或

---

❶ ［英］罗素.西方哲学史［M］.上卷.何兆武，李约瑟，译.北京：商务印书馆，1991：259.

❷ 李明德，许超.著作权法［M］.北京：法律出版社，2003：177.

者说"创作性传播",是完全有可能存在的。在表演、录音和广播的过程中,往往会伴有一定的选择与取舍,"传播"与"创作"并不是对立的概念。有学者将"录音"和"摄影与电影"进行类比,指出:图像的固定可以成为作品,而声音的固定不能成为作品,这是在理论上难以解释的现象。❶ 仅仅因为某行为属于表演、录音或节目制作就只能产生邻接权,这种观点没有说服力。我国有少数学者已经认识到邻接权对象中包含的创作事实,并进而认为"享有邻接权的本质原因,是从事了演绎创作,从而使原作品获得了新的表现形式"❷,"邻接权人既是作品的传播者,又是新作品的创作者"。❸

第一节 现有本质认识论批判

一、邻接权产生的理论"救援"

邻接权人的利益往往来源于对作品的利用,这种新权利的确认遭受到作者利益集团的排斥也是在情理之中的。但面对已经蓬勃发展起来的录音制品业、电影业,邻接权人的利益团体当然也不会轻易放弃自己的利益。在寻求保护的过程中,邻接权人的利益团体寻找着支撑其利益需求的理论根据(由于邻接权概念是作者权体系国家所特有的概念,因而这里的理论也仅适用于作者权体系国家)。然而这些理论本身尚存在不足,未能深入邻接权的本质,因而邻接权的理论基础总面临着质疑。

---

❶ J. A. L. Sterling, World Copyright Law [M]. Sweet & Maxwell, 1998:502.
❷ 刘春田. 知识产权法 [M]. 北京:中国人民大学出版社, 2000:89.
❸ 金海军. 论著作邻接权 [D]. 中国人民大学硕士学位论文, 1998.

欠缺完善的理论依托，邻接权进入著作权法体系还不能名正言顺。

（一）"蛋糕理论"：邻接权制度准入作者权体系陷困境

"蛋糕理论"是在邻接权概念产生之初，持有作者权传统的人反对保护邻接权人享有利益的主要理由之一。这个理论建立在作品所产生的著作权利益是一个定量的假设前提之下，其他人对该利益的分享必然带来作者利益的减损，要保护作者的著作权利益，只有赋予作者对作品的绝对控制权，其他人欲利用作品只能从作者处取得许可，这样才能实现作品的创作、使用和消费之间的利益平衡。按照这一理论，邻接权人对作品的利益要么不能存在，即便存在也只能依附于作者的权利。"蛋糕理论"将邻接权人视为瓜分作品利益的掠夺者，认为在作品价值链上的权利主体越多，作者对作品的利益就越分散。鉴于作者利益团体的担忧与反对，在制定保护邻接权的《罗马公约》时，《罗马公约》政府间委员会专门针对这个问题进行了调查研究。1979年的调查研究结果显示：已经有充分的证据表明，不会因向表演者或唱片制作者支付报酬而减少作者的版税。[1] 而且越来越多的现实情况说明，由于邻接权人的加入，作品被充分利用，作品的价值得到了空前的提高，即使是邻接权人分享了其中的收益，作者的收益还是扩大了。

围绕着"蛋糕理论"进行的利益博弈虽然未能阻止邻接权的产生，但是在这样的理念影响下，邻接权人终究是以"分一杯羹"的姿态进入作品利益的分配，在著作权体系中没有足够

---

[1] 吴汉东，等.西方诸国著作权制定研究 [M].北京：中国政法大学出版社，1998：151.

的底气，而且由此减缓了邻接权的立法进程。

（二）浪漫主义作者观催生出独立的邻接权制度

18世纪以后，个人在创造作品时所发挥的作用开始受到重视，个人被视作创作的来源或者起源，而不再是单纯的对传统的复制者或反映者，由天赋、品位、判断和想象的品质所激发的作者思维被认为是导致艺术和现实直接存在显著差异的原因。个人作为创作者在法律上的作用愈加重要，许多调整无体财产的法律概念和规则就是围绕着它组织起来的。根源于同样的个人主义创作观念，却产生了两种不同的结果。

在英国，作者的"思想"被发掘出来是被用来在文学产权争论中促进伦敦书商目标的实现，由于当时洛克关于劳动财产权的观点盛行，即使在洛克的劳动财产权理论中没有任何关于"作品是财产"的影子，然而就是在这样恰当的时机，洛克的理论被用于论证文学产权的正当性，因而作品就像其他劳动成果一样被视为劳动财产权的对象。这种思潮传到了英联邦国家以及殖民地国家，于是这些国家形成了版权体系。在欧洲大陆，情况则完全不同。19世纪康德和黑格尔的崇尚自然理性的美学观影响了欧洲著作权制度的建立。这种创作观被称为"浪漫主义作者观"。在这种美学思想影响下，作者享有著作权的原因在于作品中体现出作者的人格，而且作品体现的人格只能专属于自然人，同时基于对作者独特人格的保护赋予了作者的精神权利，并且不承认法人等组织是作者，对于法人享有的著作权予以限制，总是千方百计地限制作品的转让和利用方式。维护作者的人格成为作者权体系著作权立法的正当基础。

在表演者、录音制品制作者和广播组织利益团体产生以后，因为表演者、录音制品制作者以及广播组织突破了自然人的范畴，作者权体系因为受一贯坚持的作者是自然人，作者享有人格权的观念束缚，认为邻接权对象与著作权对象相区别，不能与著作权适用同样的规则和标准。传统作者权无法正视这个权利类型，这样邻接权只能以借以与著作权相关的名义存在于著作权制度。在作者权体系国家，邻接权被认为是无法与著作权概念相融合而独立存在的法律概念。

然而，邻接权是否与著作权完全不同，是否与著作权格格不入？伴随着以录音技术为根源的媒介传播技术的发展，作者权体系过分强调作品中体现作者人格而忽视其他主体利益的做法显然只具有时代性，无法真正反映作品创作、利用和消费的实际，更与现代社会作品创作的现实不相符合。第二次世界大战后西方兴起对传统思想的批判运动，以福柯、布迪厄等为代表的解构主义学派为质疑浪漫主义作者观提供了理论支撑，而在法律实践中，职务作品、法人作品的出现已经让浪漫主义作者观难以自圆其说。而版权体系国家采用实用主义或功利主义则一方面将作者权体系国家邻接权保护的对象认定为作品的方式进行保护，另一方面却也存在无法用作品的标准来判定的情形，对这些对象的保护与对作品的保护还是有所区别。那么，邻接权概念的出现，是邻接权擅闯著作权体系，还是著作权理论自我封闭的结果，这仍需要进一步对邻接权的本质属性作出探讨。

（三）"共生理论"：貌似合理的基础理论

现代社会文化传播技术的繁荣，带来作品新的利用方式的不断衍生。作者与演绎者、表演者、录音制品制作者、广播组织之间尽管在利益上还存在着矛盾和对立，但他们各自成为作品价值实现和增长过程中不可缺少的环节。越来越多的作者明白了只有对作品进行充分的利用，作品的价值才能最大限度地实现。费安玲教授从经济学的均衡原理和博弈论的角度，认为作者作为著作权的原始利益人如果仅局限于法律对自己权利的确认，没有意识到权利的行使应当与其他利益主体合作，那么该权利的确认就失去了存在的客观意义。[1]当然如果没有作者的原始创作，就没有作品的利用，一切皆不可能。但是一个不容忽视的现象是，经过了表演者、录音制品制作者、广播组织等对作品中最有价值因素的挖掘，作品以新的表达方式重现或者辅以新的媒介传播，作品延及各种消费群体，作者在市场中博取到更多的利益份额。另外，作品的更大价值也促进了新的作品创作。这样看来，作者和邻接权人之间的关系并不是切分一个"蛋糕"的竞争关系，而是充分实现作品价值的共生关系。在共生理论的基础上，邻接权的保护有利于作品的广泛传播和著作权人利益的扩大，邻接权在著作权制度中似乎取得了利益分配的正当地位，从表面上也解释了为什么邻接权人的权利比著作权人的权利弱——这是因为作者是作品的创作源头，是一切利用作品产生利益的最初来源，邻接权人仅是作品利用的辅助人。因而共生理论成为现今解释邻接权正当性的基础。

  但是看似合理的共生理论实际上掩盖了邻接权产生的真正依据。利用作品从而产生利益上的分配关系，并不能成为说明邻接权本质的理论基础。对于出版商而言，其与作者的利益关系也是共生的，出版商对作品的传播也作出了贡献，也参与了作品的利益分配，但是为何印刷技术的发展，出版业的繁荣却

---

[1] 费安玲．著作权的权利体系研究——以原始性利益人为主线的理论探讨[D]．中国政法大学博士学位论文，2004．

成就了现代版权制度中的出现，出版商却无奈地放弃了在著作权制度中的主体地位？如此看来，仅是依据利益共生的原因无法解释邻接权的正当性。另外，越来越多的学者认识到邻接权人在传播作品的过程中既有创造性行为也存在没有创造性的单纯传播行为，但是在我国邻接权最终陷入了以主体为依据划分权利类别的误区，认为凡是表演者、录音录像制品制作者和广播组织都应享有邻接权，这就在著作权制度中出现了权利分类标准混乱的情形。

二、现有邻接权本质认识相关观点

在现有邻接权理论的支撑下，对邻接权本质的认识，学术界的表述在角度和方式上均有很大差异，但归纳总结起来主要有以下几点。

（一）"传播者权说"

认为邻接权是基于"传播"或者"劳动"行为而产生的权利，其中以"传播者权说"为最具代表性观点。"传播者权说"在我国几乎成为通说，在论及邻接权具体制度问题时，传播者权成为论证的直接依据。郑成思教授即提出"邻接权"更确切的提法应当是"作品传播者权"[1]。吴汉东教授也持此种观点。[2] 克洛德·科隆贝也认为，邻接权保护的对象是进行传播的行为，而不是创作文学艺术作品的行为。[3] 台湾有学者也

---

[1] 郑成思. 版权法（修订版）[M]. 北京：中国人民大学出版社，1997：49.

[2] 吴汉东. 知识产权若干问题研究[M]. 下卷. 北京：中国人民大学出版社，2009：119.

[3] [法]克洛德·科隆贝. 世界各国著作权和邻接权的基本原则——比较法研究[M]. 高凌瀚，译. 上海：上海外语教育出版社，1995：123.

持这种观点,即表演、录音、录像及播送等行为自身,被认为是具有一种精神上价值之准著作物……因而对此三者之经济上利益加以保护。❶ 最初的邻接权国际立法中所持的观点也是以劳动为基础的理论,认为演奏或表演首先是艺术家的劳动产品,他们有权要求获得这些产品的全部经济价值。❷

"无传播即无作品",传播是作品存在的意义,是版权得以产生及实现的根源。传统意义上将作品的创作与传播刻意分为两个阶段,在创作成果具备一定条件成为作品以后,按照创作的事实作者就享有了著作权,作者的合法利益从有创作事实开始受到保护。而后,表演者、录音录像制品制作者、广播电台等传播者(注意这里刻意省去了出版者,将出版者排除出传播者的范畴,是"传播者权说"的缺陷之一)获得作品并加以传播,从而完成第一次创作和传播的循环。随着传播技术的发展,创作者与传播者之间的清晰界限已不再明显。事实上,传播与创作也不能截然分开,传播的同时本身也可以包含有创作的成分,如在表演行为中,传播与创作更加无从分辨。同样,作者创作作品的同时也可以传播作品,如在网络上直接创作。作者可以在创作作品的同时传播作品,传播者也并不仅是单纯地传播作品,传播过程中同样具有创作性的行为。另外,通常我们对传播行为的理解,除了表演、制作录音制品及广播以外,还包括复制、发行、出租、展览等行为。为何只有表演、制作录音制品及广播是邻接权保护的范畴?这些传播行为之间

---

❶ 张继准. 邻接权之研究 [M] //李湘云. 著作邻接权制度之研究——以日本著作邻接权制度为研究经纬. 中原大学财经法律学系硕士学位论文, 2004.

❷ [西] 德利娅·利普希克. 著作权与邻接权 [M]. 联合国教科文组织和中国对外翻译出版公司, 2000: 287.

进行划分的依据又是什么？"传播者权说"并未能给出令人信服的理由。

人们从既往所得到的概念、规则和术语表述无疑是错误添加与真实并存，为了避免接受这些错误添加并受其影响，人们就必须不时地对这些流传下来的东西进行审查，并在存有疑问时探究其起源，研究者必须对于这些流传下来的添加视若无睹，对之加以质疑，而合适的心境就是一种精神自由，不服从于权威。[1] 如果邻接权的保护为了促进作品的传播，那么按照这样的逻辑推理，作品的所有传播行为都应当包含在内，所有的录制者、发行者都应该有平等的机会获得传播作品的权利，就像专利权人通过签订非独占性许可合同扩大专利技术的实施范围一样。比如对数据库的保护，对信息网络服务商的保护，面对各种权益是否能用邻接权来保护，如果仅从促进作品传播的逻辑来看，这些传播者的利益保护不存在争论的必要。然而目前各国在这些方面并未统一适用邻接权保护。恰恰相反，邻接权的保护范围是有所选择的。为何只保护表演者、录音制品制作者以及广播组织，而且赋予其专有性的权利？这其中暗含了邻接权对权利对象的质的规定性。另外，邻接权若是传播者的权利，那么随着传播技术的便捷使用，如作者在博客上创作作品直接就可以传播，网络传播的迅速和广泛，网络作家越来越多。相应地，传播者的权利应就此消减，但是实际并非如此，邻接权继续保持着扩张之势，这内在的推动力应该不仅仅是来源于传播作品。

---

[1] 朱虎. 法律关系与私法体系——以萨维尼为中心的研究 [M]. 北京：中国法制出版社，2010：9.

(二)"独创性缺乏说"

与传播者权不同,"创造性缺乏说"认识到邻接权主体不是所有的传播者,但是坚持认为邻接权的对象是不具备独创性或者比作品的独创性行为低。简·斯维德罗教授认为,"所谓的'邻接权'……其客体(录音制品和广播电视节目)不包括'个人独创性劳动'部分,只包括经济部分。因此,虽然它们与著作权相关,却不被认为是'创造性劳动的产品'"。[1] 按德国学者 M. 雷炳德的观点,邻接权人受保护是基于其精神方面的投入行为,他认为这一行为与作者精神方面的创作行为有本质的不同。作为精神创作成果,作品具有主体上的独创性,而精神方面的投入仅仅在客观上的特征方面与其他的成果有区别,而且并不表达任何具有独创性的智慧。[2] 这使邻接权在德国的著作权法中显得很突兀,与其遵循的著作权法基本原则格格不入。我国台湾学者罗明通也持有这种观点,他认为,单纯之表演、录音或广播并未有创作之行为或仅有较低之创意,但其利益理应予以保护,但(表演、录音等)仅系著作之利用者,并非著作之创作者,不能给予著作人相同之著作权保护。[3] 但是,随着研究的深入,相关领域的专业人员越来越清楚地认识到其中的独创性。如果邻接权保护的是没有创造性的行为,那么就没有了进入著作权体系的正当性,比如我国学者一直对

---

[1] [斯洛伐克] 简·斯维德罗. 斯洛伐克著作权法 [J]. 许超,译. 版权公报,2001 (4).

[2] [德] M. 雷炳德. 著作权法 [M]. 张恩民,译. 北京:法律出版社,2005:56.

[3] 罗明通. 著作权法论 [M] //李湘云. 著作邻接权制度之研究——以日本著作邻接权制度为研究经纬. 中原大学财经法律学系硕士学位论文,2004.

出版者的权利保护出现在著作权法中表示出谴责。但如果表演者、录音制品制作者和广播组织行为结果体现出创造性的话，是否应当像版权体系国家一样直接将其作为作品来保护，但为何在作者权体系国家邻接权的权利内容仍存在与著作权相区别的情形。

对于"独创性缺乏说"的质疑，本书将在下文继续探讨。

（三）"相似说"或"相关说"

"相似说"侧重从邻接权人与著作权人密切关系的角度来认识邻接权的本质，认为邻接权人对作品的传播或者再现，增加了作品的价值，为著作权人最大利益的实现起到推动作用，为了激励这种对作品的再投资，从而设立与著作权相似的权利，即邻接权。著名学者克洛德·马苏耶认为，它们（邻接权）与著作权的联系基于这一事实：作者将他们的作品提供给公众有赖于这些权利的受益人，所以后者成为前者的辅助者。❶法国著名知识产权法专家克洛德·科隆贝也持这一观点，他认为"邻接权人只是文学艺术创作的辅助者。……因为他们是不可分开的合伙人。……赋予相互接近者以相似的权利，也要求承担同相互来往有关的义务。这也是将三者集合在一面大旗下的理由"❷。这一学说将三者统一在一个概念之下，但是忽视了作为概念的逻辑性，由于是作品的辅助者，邻接权人就具有和著作权人相似的权利，这种逻辑更说不通。

---

❶ [法] 克洛德·马苏耶. 罗马公约和录音制品公约指南 [M]. 刘波林, 译. 北京: 中国人民大学出版社, 1995: 123–125.

❷ [法] 克洛德·科隆贝. 世界各国著作权和邻接权的基本原则——比较法研究 [M]. 高凌瀚, 译. 上海: 上海外语教育出版社, 1995: 123–125.

以上三种观点虽然从不同的角度出发，但又具有相同性——认为邻接权人的行为是"传播或劳动"而非创作，邻接权的对象是不具独创性的劳动成果，而邻接权人也就成了著作权人的辅助者。也有学者对邻接权概念的表述结合了上述三方面的内容，如认为"邻接权又称著作邻接权或作品传播者权，是指作品传播者就其作品传播过程中付出的创造性劳动或投资而依法享有的，与著作权相类似的权利"❶。将三个存有疑问的结论集中在一个概念中，原有的疑问没有就此消除。

第二节 邻接权与著作权关系论辩

萨维尼认为，在方法意义上，私法体系建立的基础在于法律关系，法律关系的区分是体系区分的基础，私法体系应当围绕着法律关系而展开。权利是法律关系的核心要素，法律关系是私法的"中心概念"。确立法律关系的基础地位，研究的重心在于分析新的法律关系是否来源于生活关系，是否符合整个法律体系。运用这种方法，就不会仅仅纠缠于是否要设置权利以及权利的内容是否恰当。过分地关注权利，实际上就是关注利益的实现。这样一来，必然发生与整个法律体系相背离的情形。❷

邻接权与著作权法律关系密切相关，都属于私法体系中的财产权法律关系，这注定邻接权的研究脱离不了财产权法律关

---

❶ 冯晓青. 知识产权法[M]. 北京：中国政法大学出版社，2008：137.
❷ 朱虎. 法律关系与私法体系——以萨维尼为中心的研究[M]. 北京：中国法制出版社，2010：39-42.

系的研究方法。应用法律关系的分析方法,才能确认权利的合理与恰当。从邻接权相关文献的梳理中可以看出,我国学者已经找到了邻接权与著作权比较研究的切入点,但遗憾的是未能走向深入。

总体来说,作者权体系国家坚持邻接权与著作权相区别,而版权体系国家则认为邻接权与著作权没有什么不同。这种一正一反的结论也许就蕴含着邻接权与著作权之间存在着某种共通之处。法国著名知识产权专家克洛德·科隆贝认为,就纯逻辑而言,他们(邻接权人与著作权人)的权利应当不同于作品创作者的权利,性质不同,但是,又应当是相近的权利。❶ 与作者权体系国家的学者相反,版权传统国家的学者对邻接权的本质、形成和作用给出了不同的回答。英国著名知识产权法专家斯蒂芬·M. 斯图瓦特(Stephen M. Stewart)认为:邻接权制度是保守的作者权体系无法应对新形势发展所致,并无合理的依据,因为一方面电影和录音、录像以及广播节目没有实质的区别,另一方面三种邻接权主体的创造性贡献甚至比翻译和汇编作品还要大,而对作品的翻译和汇编被赋予了著作权。❷

运用法律关系的分析方法以后,我们发现邻接权与著作权在分析中越走越近。

第一,在法律关系主体方面。著作权的主体是著作权人(创作作品的人以及权利的后续享有者);源发性著作权因创作事实而产生,作者一般是自然人。传统邻接权理论认为邻接

---

❶ [法]克洛德·科隆贝. 世界各国著作权和邻接权的基本原则——比较法研究 [M]. 高凌瀚,译. 上海:上海外语教育出版社,1995:123-125.

❷ See Stephen M. Stewart, International Copyright and Neighboring Rights [M]. Butterworth & Co. (Publishers) Ltd., 1989 (Second edition): 185-191.

权的主体是表演者、录音录像制品制作者以及广播组织这些文化产品的传播者，邻接权因为表演者、录音录像制品制作者以及广播组织传播作品的行为而发生。表演者通常是自然人，有时也可能是表演组织。而录音制品制作者以及广播组织通常是法人或者其他组织。作者权传统坚持作品中须体现作者个性或人格，并对作者进行人格权利的保护，在这一原则下作者只能是自然人。而邻接权人的主体多是以企业或组织的形式出现，有观点认为，正是这个原因导致在表演者、录音制品制作者以及广播组织出现利益需求时，传统作者权体系下无法容纳法人或组织是权利主体，只能产生独立于著作权的邻接权概念。

传统作者权体系固守着作者是自然人的原则，是源于19世纪哲学和美学对作品以及作者的定性在其立法初始被用于解释著作权的正当性——这种思潮直接影响着著作权法律属性的定位。[1] 这种思路在版权体系国家曾经也被用以论证版权理念的产生。但是在版权体系国家作者的人格利益迅速为作品的经济利益所取代，这种转变甚至发生在版权尚未站稳之前。

20世纪以来，同样产生于欧洲大陆的后现代主义哲学观对传统美学观带来了冲击。作者是作品的创造者，这样一种思想被后现代主义哲学观解构得支离破碎。后现代主义哲学大师罗兰·巴特认为作者只是文本的指示物，读者不再囿于作者的思想进行作品的阅读。"在小说中这种写作手段既是破坏性的又是恢复性的，这是一切现代艺术都具有的特点。……小说是一种死亡，它把生命变成一种命运，把记忆变成一种有用的行

---

[1] 刘洁. 谈著作人格权与著作权的应然分离 [J]. 黑龙江社会科学，2010（1）.

为，把延续变成一种有向的和有意义的时间。这种转变过程只有在社会的注视下才能完成。小说中的简单过去时和第三人称不是别的，正是这样一种关键性的姿态，作家利用这种姿态揭示了他所戴的假面具"。❶ 面对罗兰·巴特的"作者已死"的论调，福柯则认为，虽然写作不一定是作者自我表现的必然，但是作者不是就此消亡的。福柯从结构主义思想出发，将思考的中心从作为主体的人转向语言。福柯认为："权力和知识是直接而又相互连带的；不相应地建构一种知识领域，就不可能有权利关系；不同时预设和建构权力关系，就不可能存在任何知识。"❷ 在任何一种社会，各种知识都被权力归化到特权培植的知识之中，语言成为权力的产物，权力通过对语言的控制显示出一种话语结构。驯化的知识通过理论、行为或制度又回到社会中，发挥着训诫的作用。在这其中，崇尚文以载道的知识分子已经成为某些具体部门从事具体工作的代表，他们也成为权力的代言人。作者创作文本的主体地位应当摒弃，但是作者对话语的功能以及对话语的介入是重要的。在写作中作者仅仅是创造一个开端，而后写作主体及其作用就消解到话语和规则中了。❸ 福柯的作者功能观抛弃了作者中心主义，颠覆了作者主体性的统治地位，否认在作品中体现作者的理性和人格化。既然作品中并不必然地体现作者人格，那么作者不必固守

---

❶ [法] 罗兰·巴尔特. 符号学原理 [M]. 李幼蒸, 译. 北京: 生活·读书·新知三联书店, 1988: 83-84.

❷ [法] 米歇尔·福柯. 规训与惩罚 [M]. 刘北成, 杨远婴, 译. 北京: 生活·读书·新知三联书店, 1999: 29.

❸ [法] 米歇尔·福柯. 作者是什么? [C] //逄真, 译. 朱立元, 主编. 二十世纪西方文论选. 下卷. 北京: 高等教育出版社, 2000: 235.

着"自然人"的范畴。

后现代思潮中的反本质主义和反基础主义倾向对现有主流理论中的各种前提和假定进行深刻的质疑,揭示其形而上学的本质和虚假特征,从而对那些原本确定无疑的理论进行了解构,这种以多元视角并以交叉学科的成果来研究理论具有积极意义,但是正是由于后现代主义的批判进路,使得他们过于注重批判而疏于构建,就难免存在矫枉过正的现象,因而后现代主义更多地存在于论辩的层面,无助于理论的重新建构。

随着技术的发展,作品的表现形式越来越多样,作品内容的复杂程度也越来越高,许多作品仅靠个人的力量无法完成。比如地图的绘制、计算机软件开发,电影和以类似摄制电影的方法制作的作品等。事实上,作者早已突破自然人范畴,通过合同约定或者基于与从事创作的人具有人身依附关系的法人和其他组织被视为作者在立法技术上已没有障碍。作者权体系国家早已不得已承认法人或其他组织制作的成果可以构成作品,但是采用另行规定的立法模式,无不表明其理论的自我束缚。如坚持作者一元论的德国,在2003年《著作权法》中将法人或其他组织制作的电影作品作为不同于作者权也不同于邻接权的作品类型规定在第三章,对电影作品权利人权利内容的重复规定未能说明电影作品与其他作品类型相比具有特殊性,反而更显出德国立法者受其理论约束的无奈。

另外,如前文所述,随着传播技术的发展,作者和传播者的界限并不是泾渭分明的。从主体范围来看,我们无法真正区分邻接权与著作权。作者是创作作品的人,而作为传播者的表演者、录音制品制作者和广播组织如果做出独创性表达也不否认存在其被视为作者而享有著作权的情形。现有著作权法律体系的混乱就在于以主体作为划分权利的依据，认为作者享有著作权，而表演者、录音制品制作者和广播组织享有的权利是邻接权。

第二，权利对象的外在表现形式方面。作品得以体现的载体随着技术的发展具有多种形式。邻接权的对象比较多样，包括表演者、录音制品制作者以及广播组织传播作品的成果。从权利对象的外在形式来看，表演、录音制品和广播节目都可以作为作品的存在形式，二者无从区分。获得邻接权保护的对象虽然目前并不要求有独创性，但是不否认这些对象事实上存在着独创性。按照创造性劳动付出的质和量来判断，很难想象照片、计算机程序、地图等作品独创性程度高而表演、录音制品和广播节目的独创性程度则一定低。因而从目前邻接权主体的行为结果来看，独创性标准的高低无法在邻接权与著作权之间清晰地划定。

第三，在权利内容方面。著作权人享有广泛的权利，在作者权体系国家著作权包括人身权和财产权两大类型。随着两大法系的融合，版权体系国家也开始重视对作者精神权利的保护。传统观念认为，邻接权对象的产生往往是著作权行使的结果，邻接权的行使必须受制于著作权，邻接权的行使不得损害现有的著作权。由于受到传统认识的局限，邻接权人所享有的人身权利只有署名权这一项，著作权人所享有的财产性权利的范围也广于邻接权人。然而从权利的继受性而言，这一点无法区分邻接权与著作权。如作品的翻译者以及作品的改编者、汇编者也是经过原著作权人的授权，利用已有作品，融入自己的创作形成新作品，他们仍可以作为著作权人得到保护。况且，邻接权的权利对象并不局限于是传播作品的产物，很多情况下，邻接权的对象是源于对无法形成作品的信息的再现。近年来邻接权的权利内容则呈现出扩张的趋势，邻接权的保护期限也得到了延长，如德国对表演者的保护期限延长到70年，比作者的保护期限还要长。而且邻接权权利内容扩张的过程与著作权扩张的过程如出一辙。邻接权与著作权在权利保护内容上的差距在逐渐缩小已经成为无法辩驳的事实。

经过以上几个方面的解析，邻接权与著作权"相近"的关系是越证越明了，这种相近的关系已不再建立在作者与传播者之间关联的基础上，作者权体系国家所认为的"邻接权是关于传播者的权利或者作品辅助者的权利"的观点，无法解释邻接权中出现的"超越传播、辅助"的现象，这种观念所持的邻接权概念已经难以自圆其说。

对财产权概念而言，权利对象的属性和行使方式具有最重要的价值，而权利对象的属性决定权利的行使方式。按照这样的逻辑起点，邻接权权利对象的属性研究将会揭开邻接权的真面目。在对邻接权对象属性的"证明"过程中，本书将比照著作权的对象，即作品的概念进行类比。

第三节 方法的回归：关注权利对象本体

权利对象与法的价值取向是概念体系与价值体系的核心，而概念与价值是体系建立的依据，其重要性不言自明。❶ 对于邻接权能否融入著作权体系，我们要从邻接权的法律关系中找到依据。

---

❶ 李琛. 论知识产权法的体系化 [M]. 北京：北京大学出版社，2005：118.

谢尔曼和本特利认为，前现代法关注权利对象中凝聚的智力活动，即权利对象的本源；而现代法关注权利对象本身。❶在前现代时期，人们通过区分智力劳动和体力劳动，认为创造性结果必然源于智力活动的过程，从而推出智力劳动的结果作为著作权保护的对象。但实际上，智力劳动的结果不一定具有独创性，在物权对象的产生过程中也蕴含着智力劳动。作为第二性的法律无从追究劳动过程，仅从事实上无法正确判断劳动过程的性质。根据民法理论，创作是事实行为，事实行为的构成要件中必然包含了结果的描述。"民法对事实行为往往以行为所造成的客观后果作为最终要件"。❷作品是智力劳动创作的结果，但在法律上，只能依据呈现出的成果属性来决定行为的性质。只有产生了作品的劳动才是创作，产生了临摹作品的劳动则是复制。法律的第二性特征只能关注权利对象的特征，而无从审视权利对象的来源。另外，劳动过程的性质恰恰是通过权利对象的特征来决定的。现代著作权法回归权利对象本身，两种性质不同的权利，体现为权利对象属性的不同。在探究邻接权本质时，关注邻接权权利对象的属性是不可逾越的步骤。邻接权与著作权是否能统一在完整的体系中，判断二者权利对象的属性是否一致是关键。

---

❶ ［澳］布拉德·谢尔曼，［英］莱昂内尔·本特利. 现代知识产权法的演进：英国的历程（1760～1911）［M］.金海军，译. 北京：北京大学出版社，2006：45-50.

❷ 董安生. 民事法律行为——合同、遗嘱和婚姻行为的一般规律［M］.北京：中国人民大学出版社，1994：113.

一、著作权的权利对象属性分析

在各国立法过程中,概念的选择首先需要立足于本国的宗教信仰、历史发展背景以及长期以来形成的道德准则,同时还需要考虑本国的政治、经济、文化和科学发展需要。❶ 法律概念设定的基础不在于概念的设计者已完全掌握该对象的一切重要特征,而在于其为目的性的考虑,取舍该对象已认知之特征,并将保留下来的特征设定为充分而且必要,同时在将事实涵摄于概念之运作中。❷ 由于作品的概念也受到各国预设的著作权立法目标的约束,各国作品的概念从内涵到外延都存在差异。作者权体系国家和版权体系国家对著作权和邻接权权利内容规定的不同,根源于对作品的界定不同,而对作品界定的区分根源于独创性的要求不同。对作品的概念在理论上最具代表性的表述是:作品是符合法定形式、具有独创性的表达。其中"独创性"要件是所有国家普遍采用的作品的构成要件,而是否符合法定形式,在承认"口头作品"的国家并不是作品的必要条件。这样作品的概念最终归结为"独创性的表达"。作品的特征为:第一,作品是思想、情感的表现形式,不是思想、情感本身;第二,作品应当具有独创性,作品的表现形式属于文学、艺术和科学范畴。❸ 从作品的概念中可以看出,著作权保护的是被描述的表达,而不延及所描述的思想和情感。

---

❶ 金渝林. 论作品的独创性 [J]. 法学研究,1995 (4).
❷ 黄茂荣. 法学方法与现代民法 [M]. 北京:法律出版社,2007:59-60.
❸ 刘春田,主编. 知识产权法 [M]. 北京:中国人民大学出版社,2007:62-64.

(一) 思想与表达二分

英国版权理念产生之初，思想与表达二分法理论是为了划分公共领域与私有领域，力证文学产权的正当性。思想与表达作为划分公共领域和私有领域的依据，就是源于对图书的思想与表达的区分，从具体的图书走向抽象的表达，才确定了版权的保护对象。在现代版权理论发展过程中，思想/表达二分理论成为认识作品本质的一个基本假设，确立了版权只保护思想的表达，不保护思想本身这一基本公理。但由于思想与表达直接从文学理论中借鉴而来，在法学层面上，存在概念上的模糊性，至今仍受到众多学者的批评和质疑，认为此原则在解决实际问题时存在着缺陷。不过目前并没有人能彻底推翻思想与表达之分，提出新的理论来界定著作权保护的对象。

传统哲学将世界分为物质世界与精神世界，但是在著作权理论中，精神如何成为著作权的对象遇到了无法跨越的障碍。当代西方批判理性主义哲学的代表人物波普尔提出了著名的"三个世界"理论，这一理论的提出为认识著作权权利对象的本质打开了新的视野，并进一步引向深入。根据波普尔对世界的分割，世界被分为三个界域：第一世界是物理世界或物理状态的世界；第二世界是心灵世界或心灵状态的世界；第三世界是智性之物的世界，即客观意义上的观念的世界——是关乎思想的客观内容的世界，尤其是科学思想、诗的思想以及艺术作品的世界，实际上是人类创造的客观知识的世界。第三世界的对象与第二世界的对象区别在于，前者是精神活动的结果，而后者是精神活动的过程。精神活动的过程是主观的观念或主观意识，而精神活动的结果则是客观的人类认识世界的产物，即知识。这种客观意义上的知识同任何人没有关系，是一种"自在"的存在。❶ 而三个世界之间又是相互联系和相互作用的，其中第二世界成为第一世界与第三世界的中介。人类通过第二世界对物理的第一世界进行认识，并与第三世界产生相互作用，一方面通过学习掌握第三世界的客体来认识第一世界，另一方面人类自身的认识活动也在不断地增加第三世界的客体，从而使人类认识世界的客观知识得以增长，这是科学知识产生和发展的根源所在。❷ 波普尔强调第三世界的客观性与相对独立性，更加重视第三世界对人的心灵和物理世界的巨大作用。借用波普尔的理论来分析，思想是第二世界的，著作权的对象——作品作为思想的表达则应属于第三世界。

　　思想与表达的基础性地位是由著作权法调整对象的属性决定的。思想是存在于人脑中的人的智力活动，这种智力活动是主观的，不以他人共同认知的形式表达出来，其他人就不可能感知到。无从感知的抽象物无法成为法律调整的对象，这一原则在现代版权理论产生之初就已经确立。人们将自己的智慧和思想转化为一种客观上能够被其他人从外部知晓的对象，并在这个过程中，他需要借助某种表达手段。具有外在形式的智力活动结果就具备了成为版权保护的基础条件，这种外在形式就是表达。"表达既区别了思想，又具有足够的弹性。用'表达'来界定作品，是目前为止人们无法超越的抽象境界。"❸ 任何作品都是思想的表达，表达成为作品的上位概念。但思想

---

❶ [英]卡尔·波普尔. 客观的知识 [M]. 舒伟光，卓如飞，梁永新，等，译. 北京：中国美术学院出版社，2003：159 – 163.

❷ [英]卡尔·波普尔. 客观的知识 [M]. 舒伟光，卓如飞，梁永新，等，译. 北京：中国美术学院出版社，2003：112 – 115.

❸ 李琛. 论知识产权法的体系化 [M]. 北京：北京大学出版社，2005：72.

的表达不一定是作品，作为作品的表达，还需要附加一系列限制性条件。

思想与表达这一对概念实际上是文化、美学、社会建构的分类范畴，是对艺术的本质进行思考的主题，这是一个事实问题，而不仅是一个产生于法律条文的概念。各国著作权法都不可避免要涉及这一问题。在艺术理论中，艺术本身是作为沟通人类心灵的一种普遍媒介而存在的。艺术源于人类心灵的一种创造，而这种创造又用来沟通和铸造人类心灵。因此，任何一种艺术创造都是既表达自己，同时又是在他人对这种表达的理解过程中实现。

艺术表达中内容和形式的不可分离性，正是艺术本身的自然性质。任何一种艺术形式，不仅是表现内容的一种方式，而且本身就是某种内容的存在形式。艺术形式的存在对艺术起到两方面的作用：一方面，由于艺术形式的存在，人们在艺术形式的引导下可能更容易地领略到艺术内涵的"意味"；另一方面，艺术家通过艺术把一般生活经验转换成某种艺术存在，艺术同时也是一种"有形式的意味"。艺术形式本身的"意味"，将生活与艺术区分开来，人们经由艺术形式隔离着，接受到的是自己对艺术意味的理解。❶ 艺术形式所具有的美学功能，在表达某种艺术秩序的定向作用中将经验世界与艺术的审美世界区分开来，因而在创作者通过特定的外在行为类型表现内在情感内容时，可能同时造就了形式与情感分离的可能性。这种分离带来了计算机软件通过对某种形式的控制进行"创作"的可

---

❶ 殷国明. 艺术形式不仅仅是形式 [M]. 浙江：浙江文艺出版社，1988：20-27.

能，但这种"创作"在某种程度上是对定格的模式化思维方式的利用。艺术形式的生命力在于动态的艺术创造活动中迸发的创造活力，具体体现在艺术创造过程中内容和形式的相互转换和交融。在艺术创作活动中，内容和形式不仅彼此确定着对方，而且也是彼此互相转换的，共同浇铸着艺术作品的美学结构。艺术的内容和形式的统一共同构成了艺术的表达。

既然艺术创作是内容与形式的统一过程，作者在表达其思想、观点、感受时也应当是内容与形式的统一，据此我们可以将作品的表达分为外在的表达形式与内在的表达形式。外在的表达形式是按照表达手段采取的一种造型，比如书面作品的各个句子、某个音乐作品的音符先后顺序等。外在的表达形式使得表达某种精神内容成为可能。内在的表达形式是在作品创作人的头脑中形成的，展示了作者独特的思维、理解与想象方式。❶

对于作者权体系和版权体系对作品的界定虽然有差异，但将作品的上位概念界定为"表达"，各国基本上达成了共识，作品最终确定为"独创性的表达"。表达是作品的最终归属，而独创性是其最显著的特征。关注作品的独创性，并不是对作品认定中创作过程的回归，因为著作权保护的对象始终是作品本身，而不是创作过程。作品中所蕴含的独创性的内容和形式最终体现为作品受保护的范围，然而对作品独创性标准的规定，则是各国作品概念的分水岭。

---

❶ [德] M. 雷炳德. 著作权法 [M]. 张恩民，译. 北京：法律出版社，2005：44-45.

(二) 独创性的标准

邻接权产生的主要原因是被认为某些有价值的非物质劳动成果由于不具备"独创性"而无法受到狭义著作权的保护。因此要理解邻接权，必须先了解不同国家著作权法或版权法对作品性质和"独创性"规定方面的差异。邻接权概念是作者权体系特有的概念，这与作者权体系下对作品概念以及独创性概念的规定有直接的关系。因而在探讨邻接权问题时，不能仅参照版权体系下的制度安排，对作者权体系下的邻接权指手画脚。邻接权概念应当顺应作者权体系下的价值取向，在概念和原则的设置上也应当符合作者权体系的逻辑关系。

"独创性"（originality）最初并不是法律概念，文学理论的变迁对独创性的理解产生着影响。"originality"从中世纪时指"从最初就已经存在的"到18世纪变为"无来源的、独立的、第一手的"❶就是源于文学理论中对作品的认识的改变。"文艺复兴时代占主导地位的文学创造力理论同古典时代和中世纪的理论一样，认为创造力就是创造性模仿，这种在我们看来是盗用的借用，在传统取向的社会里是表达尊重杰出先人的尊敬的方式"。❷ 18世纪末浪漫主义文学思潮的涌现，崇尚个性的文学创作开始占据主导地位。作品不再受到外部权威的约束，成为作者意图的体现。浪漫主义文艺理论强调独创性蕴含着作者的个性和差异性。

---

❶ [美] 伊恩·P. 瓦特. 小说的兴起 [M]. 高原, 董红钧, 译. 北京：生活·读书·新知三联书店, 1992：7.

❷ [美] 波斯纳. 法律与文学 [M]. 李国庆, 译. 北京：中国政法大学出版社, 2002：532.

尽管大多数国家将作品界定为"独创性的表达",然而各国在法律上对"独创性"的解释并不完全相同,使得作品在同一形式的要求下仍具有不同的内涵。究其根源,著作权制度的形成和发展始终受特定社会环境的制约,作为著作权核心的独创性理论必然深受一国著作权立法之价值取向、法律文化、历史传统的影响。对于独创性概念的不同界定,不能简单地认定哪一种规定是正确的或者是错误的。

虽然两大体系均承认"独创性"是创作成果构成作品的前提,但两大体系对"独创性"的要求有很大的差异。通常认为,以英、美国家为代表的版权体系主要以"财产价值论"为建构基础,认为版权主要在于其商业价值,是一种可流通可交易的财产权利。版权保护并不刻意追求对作者创作成果的维护,旨在从经济上刺激作者和出版商的创作投资,也可以说是给予他们物质上的诱惑,从而鼓励人们对文化知识产品进行投资,促进科技及文艺领域的繁荣。以法、德为代表的作者权体系国家,则是以"人格价值"作为著作权法的价值基础,强调的是作品的人格性,要求作品必须是作者独特精神、个性、艺术观念和智力创造的反映。作者创作的文学、艺术和科学作品并非一般商品,而是作者人格价值的延伸与反映。著作权制度的目的是通过确认作者地位,肯定作品对公众的贡献,保护作品的不可侵犯性,以鼓励作品的创作与传播。

两大体系国家对独创性标准要求的不同体现在作品的分类及相关的具体制度设置上都存在差别,这突出地表现在照片和录影这两种客体上。❶ 依据作者权体系国家的独创性标准，德国、西班牙、意大利等国家将照片分为"摄影作品"和"普通照片"，认为只有那些通过对题材的选择、灯光阴影的映衬、润色、剪辑或者艺术处理工具的使用，表达了摄影师的艺术观点与创造力的照片才能作为著作权保护的客体，而在日常生活中随意拍摄的"普通照片"不是作品，立法者也承认其有一定价值，通过邻接权加以保护，以防止他人未经许可进行使用只能作为享受较短时间的保护。同样对于录影，德国、意大利等作者权体系国家在"影视作品"或"视听作品"之外规定了"不作为影视作品保护的活动影像"或"录像制品"，前者是著作权的客体，后者则是邻接权的客体。

由于认为很小程度的个性表达就足以符合作品独创性要求，版权体系国家对照片和录影未采用"两分法"。英国的权威著作《现代版权和外观设计法》中认为：照片的独创性完全可以表现为某人在恰当的时间，出现在恰当的地点而拍摄出有价值的照片。无论是拍摄者尽力赶赴现场，发现场景，从而拍摄到的值得保存的影像，还是基于运气恰巧在现场，选择了恰当的时机拍出的照片，都是版权法所承认的作品。因此，在版权体系国家的司法实践中，除了为精确复制他人作品而进行的纯粹复制型的翻拍，以及完全由机器自动进行的拍摄之外，照片几乎都被认为是符合独创性要求的作品。❷ 录影也是如此。如美国国会在关于 1976 年版权法的报告中明确指出："当四台

---

❶ 王迁. 著作权法借鉴国际条约与国外立法：问题与对策 [J]. 中国法学，2012 (3)：29.

❷ Hugh Laddie etc. The Modern Law of Copyright and Designs (3rd Edition), Butterworths (2000), § 4.57.

摄像机（从不同角度）拍摄一场足球赛时，导播要对四名摄影师发出指令，并选择要将哪些电子影像以怎样的顺序向公众播放。无疑，摄影师和导播的工作构成了创作。"❶ 而在著名的"《时代》杂志社诉 Bernard Geis 协会案"中，美国法官已经确认，由人拍摄出来的录影不可能不受到个性的影响：录影涉及许多创造性的因素，包括：他对摄录机的选择（选择了摄像机而不是照相机），对录像带的选择（选择了彩色的而非黑白的），对镜头的选择（使用了广角镜头），对拍摄区域的选择，对时机的选择，以及对放置摄像机位置的选择等（在试过几个位置后才确定）。❷ 按照如此低的"独创性"标准，在美国的司法实践中，除了完全由机器自动拍摄和纯粹翻拍这两种情况之外，几乎所有的录影都被承认为视听作品。

在分析独创性标准时，有学者提出将独创性标准分为客观主义标准和主观主义标准，认为着重探究作者创作意图的标准称为主观主义，它是浪漫主义思潮的产物；而从创作的结果出发，重视作品本身品质的方法，称之为客观主义标准，它源于古典主义理论。客观主义标准认为，独创性判断应着眼于作品本身，以冷静的、理性的态度对创作的成果进行分析，而不考虑创作的主体和创作的过程。客观主义独创性标准借助简单的外在形式判断对创作行为的事实进行认定具有法律的实践意义。主观主义标准认为，人的创作是在其内在的、纯粹的主观空间进行的，在这个空间里作者所创造的东西，应该与外部客

---

❶ The House Report, No. 94 -1476, at 52 (1976).

❷ Time Incorporated v. Bernard Geis Associates, 968 293 F. Supp. 130 (SYND, 1968), at 143. 转引自王迁. 著作权法借鉴国际条约与国外立法：问题与对策 [J]. 中国法学，2012 (3)：30.

观世界的实体相区别。因而，源于作者头脑中的独创性部分使作者有权禁止他人的擅自利用，他人的利用会对作者的权利造成潜在威胁。但是主观主义这种观点的前提是：作者的独创思想与外在客观世界之间存在一条不可逾越的鸿沟。客观主义对于作品形式的强调带来了许多问题：过于强调作品的客观形式，而不考虑创作主体和创作过程就有可能将不属于人类创作的"成果"归结为作品从而受到著作权法的保护，这显然不符合著作权法的立法宗旨和价值取向。主观主义探究的重心则是创作者的意图。主观主义分析集中在弄清楚作者意图创作怎样的作品。然而主观主义标准的适用将会导致作品受到广泛的著作权保护，由此带来著作权保护范围的无限扩张，无疑会损害公共领域的利益。

实际的情形是目前极少国家采用纯粹的主观主义标准或者客观主义标准。在对独创性标准的采用上，各国虽然存在差异，但在版权贸易一体化的推进过程中，各国已经出现了相互融合的情形。

版权体系国家独创性标准呈现出向高标准转变的发展趋势。

版权体系的英国将"独创性"解释为"独立完成"。独立完成显然只是对创作过程的规定，对创作成果所体现出的创作程度未有说明。英国的版权制度被普遍地认为是采用"额头汗水"方法实施版权保护。虽然没有明确的英国权威判例用详细的语言来支持这一论断，但是人们习惯于将"作者必须证明有足够的劳动、技巧和判断被投入到作品的创作中"视为英国独创性要求，其中劳动的作用并没有与其他检验标准即技巧和判断分离开来。对英国案例进行考察的结果显示，许多判决依据的标准只能是额头汗水的方法。❶ 可以肯定的是，英国有着相对较低的独创性标准。额头汗水的方法确实为版权法提供了合理程度的确定性，但是确定性本身并不必然是追求的目标，这需要将所达到的确定结果与版权法的目标相衡量。就客观的情况而言，最低独创性要求下无疑会扩大作品的保护范畴。作为欧盟的成员国，英国对某些作品的独创性标准正发生着变化。20 世纪 90 年代，欧盟发布的《版权及邻接权保护期限指令》（93/98/EEC）、《计算机软件法律保护指令》（91/250/EEC）、《数据库法律保护指令》（96/9/EC）中均要求"反映作者个性的智力创造"（在后文称为"本人智力创造"）作为独创性要求。作为欧盟成员国的英国，其在贯彻执行"数据库保护指令"时采用了与欧盟相类似的标准。英国的独创性标准在欧盟的推动下走向高标准。随着欧洲经济一体化的深入，欧盟成员国版权法律一体化要求必将会带来版权体系与作者权体系的不断融合。如果英国能够在其他作品的独创性标准上继续采用欧盟标准，那么与作者权体系国家的独创性标准将没有质的差别，仅仅存在不同作品独创性程度量的规定不同。

美国的独创性标准经历了从"额头汗水"到较高标准的发展过程。美国关于独创性理论的探讨开始于 1839 年的 Gray v. Russell 一案❷。格雷（Gray）从古德（Gould）处取得注释版的《亚当拉丁语法》的版权并出版发行，鲁塞尔（Russell）等人也制作、销售了与注释版《亚当拉丁语法》相同的版本。

---

❶ [澳] 马克·戴维森. 数据库的法律保护 [M]. 朱理, 译. 北京: 北京大学出版社, 2007: 14.

❷ Gray v. Russell, F. Cas. 1035, No. 5728（C. C. Mass, 1839）.

鲁塞尔等人认为注释版的《亚当拉丁语法》内容上没有新颖性。作为 Gray v. Russell 一案的法官，斯托里（Story）法官否认了新颖性和独创性的关系，认为只要作者花费时间、精力、技巧等用自己的方式将已有材料组织起来即可产生独创性作品，并不要求所用材料一定是前所未有。

1884 年，美国联邦最高法院在 Burrow-Giles Lithographic. Co. v. Sarony 案中将独创性标准提高到"体现作者个性"。该案中，巴洛－盖尔斯平版印刷公司（Burrow－Giles Lithographic. Company）未经摄像师撒拉尼（Sarony）同意，擅自翻印并销售了撒拉尼为英国诗人、戏剧家奥斯卡·王尔德（Oscar Wilde）拍摄的照片。被告辩称照片是对已存在的人物或事物的精确复制，不是宪法所称的"作品"，所以不受版权的保护。在上诉审理中，联邦最高法院米勒（Miller）法官认为，原告从自己的构思出发，拍摄过程中对象的选择、场景的布置、光影的调试等体现出拍摄者独特的个性，所以照片是一种具有独创性的作品，能够受到版权的保护。❶

但是在 1903 年的 Bleistein v. Donaldson Lithographing Co.❷ 这起著名的案件中，霍姆斯（Holmes）大法官认为某作品只要是个人独立完成，就必定会体现作者的个性。这一论断使美国的独创性标准确定为"独立完成"。1936 年 Sheldon v. Metro-Goldwyn Pictures Corp. 案❸中汉德（Hand）法官对"独立完成"标准进一步强化。面对低标准独创性产生的矛盾，美国实

---

❶ Burrow-Giles Lithographic. Co. v. Sarony，111U. S. 60 (1884).

❷ Bleistein v. Donaldson Lithographing Co.，188 U. S. 250 (1903).

❸ Sheldon v. Metro-Goldwyn Pictures Corp.，81 F. 2d 54. (1936).

行了双重标准：对作品独创性标准与版权侵权标准区别对待。即独创性的标准是独立完成，没有复制他人的作品；版权侵权的标准则除了证明独立完成以外，还需要证明未接触过被侵权作品或者经由法庭认定该作品与被侵权作品之间不存在"实质相似性"。❶ 侵权标准显然严于独创性标准。这样的处理方式解决了低标准独创性引起的矛盾，但又形成了版权理论深层次的缺陷。"采用双重标准使版权理论缺乏系统性和逻辑性，不仅造成概念的二义性而且可能影响整个制度的发展"。❷ 从1903年到1991年，"独立完成"成为美国判断作品独创性的基本标准。❸

目前美国采用的是一种较高水平的独创性，即要求版权作品除了是作者独立完成，还应该展现出适量的创造性，才能够被看做一种智力创造。这一标准是美国联邦最高法院在1991年 Feist Publisication, Inc. v. Rural Telephone Service Co., Inc. 一案❹的判决中确立。创造性成为美国版权法中独创性的构成要件，意味着将纯粹的额头汗水或辛勤收集认定作品标准的抛弃，从根本上改变了原有独创性标准。Feist案中最高法院的观点被视为美国独创性标准的转折点。正如此案中最高法院所表达的：虽然独创性标准是比较低的，并且不需要以创新性或令人惊讶的方式去表现这些事实，但是"同样肯定的是，无论如何，对事实的选择和编排不能是如此机械或常规以至于不需要

---

❶ 金渝林. 论作品的独创性 [J]. 法学研究，1995 (4)：56.
❷ 金渝林. 论作品的独创性 [J]. 法学研究，1995 (4)：57.
❸ 易建雄. 技术发展与版权扩张 [M]. 北京：法律出版社，2009：104.
❹ Feist Publisication, Inc. v. Rural Telephone Service Co., Inc., 499 U.S. 369 (1991).

任何创造性"。❶ 正是这一独创性标准被《数据库法律保护指令》所采纳,它也是最近的国际版权协议所表述的编辑物的独创性标准。

德国的独创性要求在学界被认为是最高的。德国2003年《著作权法与邻接权法》第2条第(2)项规定:"本法所称作品只指个人智力创作成果。"德国著作权法没有对作品与其他成果的区分标准做出详细的规定。对于作品的构成要件,是从立法意图以及智力成果本身推导出来的。德国法学家M.雷炳德教授认为,作品的构成要件是:

第一,具有某种思想或者美学方面的精神内容,人类的智慧只有在以某种综合的方式体现时才能满足这一要求。

第二,精神内容必须通过一定的表达方式表达出来,并且精神内容与表达形式都应当通过表达手段固定下来。至于表达手段是属于易逝的还是有形的,在法律上具有同等的效力。即兴而作的、文艺演出或者现场直播都可以作为作品而受到保护。但是创作的方法、创作技术以及离开了内容的表达形式却不受著作权法的保护。

第三,具备独创性。独创性是指作品必须体现出个人的智力成果,至于这种智慧体现在内容上、表达形式上还是二者兼备,在法律上具有同样的意义。通常情况下,著作权所保护的表达是外在形式与内在形式的统一,但是体现在作品独创性上,则在有些情况下可以仅是对作品内在形式的独创性,也可以是对作品外在形式上的独创性。所以作品的独创性可以表现

---

❶ [澳] 马克·戴维森. 数据库的法律保护 [M]. 朱理, 译. 北京: 北京大学出版社, 2007: 16.

为对外在形式或者内在形式的独创性,或者是外在和内在兼具的独创性。❶

德国在不同作品类型上适用的独创性标准也不统一。虽然作品在独创性的量的要求上"有一定的创作水准",但是目前并没有一个明确的客观标准。在各种地址簿、目录册、表格、使用说明书以及比赛规则可以适用"一枚小硬币的厚度"标准被视为作品而受到保护,但其他类型作品适用的独创性标准显然高于这个要求。❷ 由于小硬币标准是在司法判例中确定,在1965年《德国著作权法》并未将其作为统一保护所有作品类型的标准加以确认,因而这种最小独创性要求只适用在部分作品类型中而对其他作品类型形成不公平对待。❸ 从创作高度的要求到小硬币标准的发展,体现了德国著作权法关于独创性的界定对社会经济科技文化产业发展需要的回应。《德国著作权法》关于独创性界定的分类无疑是应对解决信息表达技术化、客观化的问题,它终究只是一个应对之策。但是为什么要对独创性弱的作品(如电脑程式、商品说明书、表格、目录、地图等)给予和独创性强的文艺科学作品以同样的著作权保护?这样的立法选择是否会导致著作权制度中的不公平?又或者这样的立法选择是否可以说明作品独创性程度上的强弱并不是作品受保护的质的规定性?

---

❶ [德] M. 雷炳德. 著作权法 [M]. 张恩民,译. 北京:法律出版社,2005:115 – 117.

❷ [德] M. 雷炳德. 著作权法 [M]. 张恩民,译. 北京:法律出版社,2005:51.

❸ [德] M. 雷炳德. 著作权法 [M]. 张恩民,译. 北京:法律出版社,2005:116.

由于欧盟成员国既有版权体系的英国，又存在作者权体系的代表国家德国和法国，因而在独创性标准的采用上，一定程度地融合了两大体系的独创性标准。1986～1995年，欧共体法院在审理 Magill 一案❶的过程中即表现出对电视节目表这种没有体现出创造性劳动的"作品"不应当享有版权保护的意思。在1991年《计算机软件保护指令》中对计算机软件的独创性标准上，既否定了作者的人格和精神印迹，又否定了技能和劳动的标准，而是一个介于二者之间的标准，即"本人智力创造性"❷标准。在1996年《数据库法律保护指令》中也是继续强调"本人智力创造性"标准。《数据库法律保护指令》（96/9/EC）第3条第1款规定："凡是在选取和安排材料方面体现了作者的本人智力创造性的数据库本身受到著作权保护，在决定是否受此保护时，不能采用任何其他标准。"❸ 其中"本人智力创造性"的要求高于英国的"独立创作"以及"足够的投入"，但又低于德国的"个人智力创造性"，体现出对成员国独创性标准的协调。德国根据指令规定在相关领域适用"本人智力创造"标准，这进一步加剧了德国独创性标准的不统一。

---

❶ Judgement of the Court of 6 April 1995, Joined Cases C-241/91 P and C-242/91P - Radio Telefis Eireann (RTE) and Independent Television Publication Ltd (ITP) v Commission of the European Communities.

❷ M. 雷炳德. 著作权法 [M]. 张恩民, 译. 北京：法律出版社, 2005：113. 个人智力创造性与本人智力创造性虽只有一字之差，但是代表了两种独创性标准：个人智力创造性是德国著作权法执行的标准，独创性要求高；本人智力创造性是欧盟指令中提出的标准，独创性要求较低。《德国著作权法》根据指令修改后在相关领域作品的独创性要求按照此标准进行了调整。

❸ 韦之. 知识产权论 [M]. 北京：知识产权出版社, 2002：282.

实际上，采用不同的独创性标准会导致作品的认定出现不同的结果，无论在不同的法律体系之间还是在各个法律体系内部。两个体系国家对"创作"概念的不同认识，反映在独创性标准上，对作品独创性的要求则跨越很大的幅度——从最低端的"额头出汗"到最高端的"体现作者个性在作品上留下的智力创造和印记"，最终表现为同一概念出现质的规定性的不同，这成为两大体系国家在独创性上的本质区别。然而如果想精确说明每个体系国家的独创性标准却又是非常困难的，即使在同一体系的不同国家和地区之间，或者在同一国家对应于不同种类的作品之间，独创性标准也不完全相同，一些作品显然符合独创性标准而另一些作品则完全不具有独创性。

对著作权而言，最能说明权利对象本质属性的莫过于"独创性表达"。这与"智力劳动的成果"有着本质的差别。独创性表达是对著作权对象属性的描述，而非过程的描述。作品的独创性特征是作品成为著作权的对象而不是物权对象的质的规定性。因为在同一作品上同时存在著作权与物权这两种权利，正确确认权利对象的本质属性是清晰判断两种权利的关键。独创性的表达即是著作权的权利对象，对于同属于表达范畴的其他对象而言，独创性则是著作权区分于专利权、商标权的根本所在。新技术的产生带来作品种类的不断增加，新的作品类型产生新的问题，迫使各国从著作权保护的目的出发对独创性标准进行调整，如美国和欧盟成员国对独创性标准的调整即说明了这一点。因而不排除在不同法律体系的国家，随着经济技术的发展，著作权制度保护的目的越来越统一，对其法律概念和法律原则的选择也将趋向一致的可能性。

本书无意为各国的作品认定确定一个统一明确的独创性标

准，但是在独创性标准确立中存在三个关键问题是应该区分的。这三个关键问题是确保"独创性"作为判断作品要件的标尺。第一，独创性不等同于艺术上或美学上的价值。艺术或美学上的价值判断没有一个客观的标准，是否具有专业水准也不是据以判断独创性的标准。第二，独创性与新颖性相区别。独创性并不要求作品所包含的内容或信息是新的、原创性的。即使作品表现出来的内容不是什么新的东西，只要是作者运用个性的外在形式进行表达，也可以认定其具有独创性。相反，即使作品表现的内容是新的、前所未有的，如果其表现形式是唯一的，也不能作为作品来保护。第三，独创性与首创性相区分。首创性作为专利权保护的一项原则，提供了比独创性更明确客观的标准，这根源于专利制度的利益衡量：由于发明人向公众公开提供了有价值的思想表达，发明人获得一种独占性排他的权利。著作权法则未采用这样的利益衡量原则，因而不要求作品是首先创作的——如果两个作者分别独自创作了相同的作品，他们则获得独立的著作权。

作品必须是由作者创作，即作品由作者独立完成，并且不是简单地复制于其他资料。根据各国在独创性标准上的发展趋势，从一般意义而言，独创性的标准还应包括两个方面：独立完成以及体现一定水准的创造性。这种创造性表现为外在形式或内在形式。对作品在独创性构成条件上做如此规定，对于著作权制度具备在这两者——其一是给予创作者以激励，其二是给予后来的创作者以借用他人享有著作权的作品的自由——之间保持平衡的能力有着重要意义。至于体现在作品中创造性的"一定水准"则是属于量的规定，由各国依据利益考量和国内的政治、经济、文化特点来确定。

（三）独创性标准"三分法"理论尝试

世界范围内，各国现行著作权法都没有对作品的独创性程度做出区分，而是不分独创性程度高低，给予所有作品及其作者一视同仁的保护标准，无论是体现在著作权法所提供权利保护的种类，抑或权利保护的期限等方面都是同一的。有学者认为，如果"独创性程度较低的作品与独创性程度较高的作品所受到的保护是同样的"，那么版权法鼓励作者创作具有"足够"独创性的作品以获得版权保护——而不是具有"更多"独创性的作品，这种结果既无效率也不公平。[1] 另外，著作权法本身承载着鼓励作者创作、增加社会精神财富的功能，现行著作权法制度下对不同独创性程度作品赋予同样的保护难以有效促进高水平作品的创作，而是"鼓励和促进"了大量低水平作品的产生，这与著作权制度激励创作的效率原则是不相符的。关于作品独创性程度问题，国内外学者曾经先后提出了许多不同观点和见解，然而真正对此问题进行深入系统研究和论述的文章却并不多见。

为使作者获得著作权法的保护和承担的责任能够与其作品的独创性程度相适应，美国基甸·帕彻莫夫斯基（Gideon Parchomovsky）教授和亚历克斯·斯坦（Alex Stein）教授明确提出了关于作品独创性程度的"三分法"理论，在认同现有版权法的作品独创性标准前提下，根据作品创造性的程度来相应地

---

[1] 刘辉.作品独创性程度"三分法"理论评析［J］.知识产权，2011（4）：65.

改变版权保护和责任的规则[1]：具有较高独创性作品的作者不仅能够得到更好的保护，而且在被在先作品作者起诉的时候避免承担侵权责任；相反，仅具有较低独创性程度作品的作者只能够受到极小的保护，并且在被他人起诉侵权之时承担更大的责任。基于上述分析，制度设计者将作品的独创性程度分为高、中、低三等，并相应地产生三个原则：

第一个原则是"非等同物原则"（The Doctrine of Inequivalents）。这一原则设计是为了给予那些具有特殊独创性的作品最大限度的保护。对那些具有独特或唯一独创性的作品作者不仅能够得到著作权法最好的保护，而且能够避免作者承担对其他作品作者的侵权责任。

第二个原则是"增加价值原则"（The Added Value Doctrine）。这一原则设计能够规制那些具有普通或平均独创性程度作品的侵权诉讼。在作品侵权诉讼中，要求法院将被诉侵权作品与原作品的相关独创性进行比较，如果法院认为被诉侵权作品的独创性贡献等于或者大于原告作品，原告会被拒绝法律禁令的救济，但是会被判给予其作品市场价值的补偿。这种从禁令到赔偿金的救济方式的转变，通过确保具有独创性的作品不被市场抑制，来平衡具有中等独创性程度作品的竞争需要。

第三个原则是"同一性规则"（The Sameness Rule）。这一原则设计能够调整那些仅具有较低独创性程度或不具有独创性作品的版权冲突。如果具有较低程度独创性的作品与原作品在实质上是相似的，被告人需要通过证明自己的作品是独立创

---

[1] Gideon Parchomovsky, Alex Stein. Originality [J]. Virginia Law Review, 2009(10).

作，或者与原告的作品都是出于借鉴使用先前存在的另外的作品来反驳和辩护。该原则是为了惩罚抄袭者和模仿者。但是，原告必须证明被告作品与其作品具有同一性或者至少是"引人注目"的相似性，并且与公共领域的作品并不相似，而且原告作品先于被告的作品产生，才有可能胜诉。❶

然而独创性"三分法"理论并没有为我们明确作品独创性程度高低的具体判断标准，在其论述中近乎武断地直接为作品的独创性程度高低作出判断，同时两位教授将判断作品独创性标准的任务给了法官。由于作品种类繁多，作品独创性程度的判断需要运用多学科、多领域的知识和技能，我们不可能要求法官既要谙熟法律，又要具备不同学科和领域的知识、技能来进行作品独创性程度的判断，况且是针对没有明确的独创性标准做出判断。由此看来，独创性"三分法"理论看似完美，但是缺乏实践性，仅是学者们追求法律公平与效率的又一次尝试。

（四）技术与艺术创作的关系

作者权体系国家的独创性标准在19世纪末20世纪初遇到了挑战。当时，录音技术、电影摄制技术和无线广播技术得到了初步发展。技术的发展使得人们对技术与艺术创作之间的关系似乎受到了误解。在这些技术产生以后，人们感受到生活的便利，认识到这些传播技术让作品更加广泛地为公众所知，但随着公众个人利用技术进行创作的活动越来越普及，人们感觉到技术的发展使得作品创作更加便捷，作品中的创造性似乎受

---

❶ 刘辉. 作品独创性程度"三分法"理论评析 [J]. 知识产权，2011 (4)：65-66.

到技术的削弱。要了解邻接权基本范畴中是否具有创造性,我们必须理清技术与艺术创作的关系。

现代科技不仅拉动着物质生产的发展,也牵引着艺术生产的发展。A. 苏霍金认为:"有时科学和艺术以某种新形式融合在一起,它们相互结合,密不可分。"❶ 技术程序在一定程度上对艺术生产的意义是决定性的,不同的技术水平和不同的技术媒介对既有文化艺术形态、风格以及作用于社会现实的方式和范围发挥着重要作用。❷ 技术发展给作者带来了两个方面的影响:一是作品新的利用形式,一是新的作品形式。这两方面都可以给作者带来新的权利内容。同时新的作品形式带来权利主体的扩大。

就艺术理论而言,艺术媒介是感性审美符号通过某种物质材料而形成的人工制品和活动形态,是艺术作品得以固定的构成材料和显现载体。艺术家在创作作品时,都要通过一定的物质材料和符号形式将自己的审美构思固定下来或呈现出来,其中包括两个层面的因素:一个是作品的物理层面,指的是艺术创作的物质材料或称为艺术作品的传播媒介;另一个是作品的符号层面。因为艺术家运用某些艺术的构造材料使作品的感性形式具有某种审美的意义,如文学作品的语言词句、体裁结构、形象情节,绘画作品的色彩线条、构图布局、明暗对比等,所以这些有意味的符号形式就是艺术作品的文本媒介。总之,就一部艺术作品而言,传播媒介以其物质的显现特性而充

---

❶ [苏] A. 苏霍金. 艺术与科学 [M]. 王仲宣,等,译. 上海:三联书店,1986:291.

❷ 张冬梅. 艺术产业化的历程反思与理论诠释 [M]. 北京:中国社会科学出版社,2008:120.

当感性对话的通道,而文本媒介则以其符号的构成特性成为审美心灵的居所。

对于艺术元传者来讲,艺术媒介是艺术进行创作完成的根本要素,是艺术作品的生存躯壳和组织细胞。对于艺术继传者而言,艺术媒介是艺术作品在宣传或演绎过程中的直观对象和继传工具。之所以将艺术媒介分为文本媒介与传播媒介,不只是因为文本媒介是艺术作品的内在构成要素,传播媒介是外在的物理躯壳,而且在于,两者在作品传播过程中的不同功效,尤其是进入机械复制时代以后,艺术作品的传播也因此而出现两种传播形态:复制传播与演绎传播。❶ 复制传播是传播媒介层面的作品传播行为,一般不加入审美的创新因素,而是使原艺术品在被大量复制后扩大其传播途径。复制传播主要表现为两种形式,一是同质复制,即不改变传播媒介,一种是异质复制,即改变了传播媒介,所以复制后的作品就不再是原来意义上的作品。演绎传播是文本媒介层面的作品传播行为,它是艺术继作者在已有作品基础上的一种二度艺术创作。一种是作品的感性符号与物质材料都发生了本质性的变异,这叫做转换性演绎传播;另一种是仿真性演绎传播,运用与原作相同的传播媒介,通过仿造原作的文本媒介来演绎作品的继作性传播。

通常我们认为技术仅是实现人的目的的一种手段,其成果表现为物质形态。但这尚未说明技术的本质。海德格尔是对技术的本质作出探讨之第一人。他认为技术的本质一方面是揭示,另一方面又是遮蔽。技术相对于艺术而言,一方面是解

---

❶ 陈鸣,编. 艺术传播——心灵之谜 [M]. 上海:上海交通大学出版社,2003:26–32.

放，另一方面又是限制。现代文明的困境在海德格尔看来，源自技术对存在者的有用性的依赖，因而泯灭了存在者敞现自身的其他方式。同时，技术的"架构"属性本身具有的框划、齐一的蕴涵，也意味着技术使任何等级的储备物都齐一化、物质化。技术在最大限度地满足当代消费者对艺术欣赏的精确性和即时性要求的同时，也把类似于海德格尔所说的架构带进了艺术生产中，并以"模式"的逻辑框划着艺术家的自由生产。❶作家对技术的运用一方意欲彰显出艺术的内涵，但同时又掩盖了作者的意图。

  技术与艺术的结合，一方面是提升了艺术的创作，另一方面则是解析了艺术的创作。如果盲目地认为技术的发展仅带来艺术创作的便捷，甚至认为技术越先进，作品的创作程度越低，从而否认技术对艺术独创性的提升作用，只是看到了技术与艺术关系的一个方面。相应地，对于表演者、录音制品制作者、广播组织而言，我们不能因为其创作成果与技术有机结合，就笼统地认为他们的创作结果是低创造性的，因为创作者的艺术创作也会融入在先进的技术之中，艺术创作程度的高低与技术的先进与否没有逻辑上的必然联系。著作权在产生之初深受文学艺术理论的影响，很多立法的措辞都是从艺术理论中衍生而来的。新技术的出现带来新的艺术形式，艺术理论亦在随之发展成熟。然而不知从何时起，艺术理论对著作权立法的影响却停滞不前。以至于目前著作权的立法所折射出的艺术理论远远落后于当代的艺术理论进程。

---

  ❶ 张冬梅. 艺术产业化的历程反思与理论诠释 [M]. 北京：中国社会科学出版社，2008：136.

但从上文的论证中，我们至少可以看出，作者权体系下作品的独创性标准不应当成为邻接权进入著作权体系难以逾越的门槛。

二、邻接权基本范畴分论

在不同的国家，邻接权的对象范畴存在差异，在有的国家甚至有将邻接权作为保护不具备作品构成条件对象的兜底条款的趋势。如奥地利邻接权的内容涉及文学和音乐作品表演（表演者或演奏者）、摄影和录音制品、书信和肖像、新闻报道及文学艺术书名的保护。意大利用相关权保护唱片和类似制品制作者、广播节目和演员、表演者及演奏者，而且还述及剧场布景草图、照片、书信和肖像、工程平面图及作品名称和定期刊物中专栏文章标题的保护、作品的外观、文章和新闻报道以及某些不正当竞争行为的查禁。像这样将源于产业活动（制作者、广播组织、新闻报道）、艺术表演（表演者或演奏者）、创作活动（受著作权保护的作品，如图画、照片、书信等）以及一般所称的人身权利（有关书信内容的权利，对自身形象的权利等）等不同性质的权利并在一个共同的名称下，邻接权看似成为一个权利的集合体。但在最初，邻接权概念的产生只是用来保护表演者、录音制品制作者和广播组织的权利，这也是《罗马公约》中明确要保护的主体权利。以主体为依据命名国际条约，本不应该有所异议。在邻接权的发展过程中，我们已经注意到国际公约对邻接权国内立法的推动作用。存在的问题是，如果以主体作为权利划分的依据，从而导致邻接权与著作权相区分，这就陷入了权利逻辑上的混乱。下文中将按照邻接权的权利主体划分，对其做出分析。

在此之前，首先要明确的一个问题是，邻接权对象与作品内容之间的关系。有观点认为，邻接权的对象是对作品内容的再现，在表达内容上受制于作品，改变的是作品的表现形式，对作品而言没有增加新的内容，因此邻接权人的劳动不同于作者的创作性劳动，由此得出邻接权对象与著作权对象存在本质的差别。实际上，这种观点还是建立在作者本位主义的基础上。作者本位主义认为，作者的思想通过作者创作作品的表达体现出来，作品是作者人格的延续。但后现代主义的"作者死亡"理论，展现了解构主义的破坏力。罗兰·巴尔特说，语言结构是某一时代一切作家共同遵从的一套规定和习惯，它在文学以内，而风格则几乎在文学以外。形象、叙述方式、词汇都是从作家身体和经历中产生的，并逐渐成为其艺术规律的组成部分。它是文学惯习的私人性部分，产生于作家神秘的内心深处，却延伸到他的控制之外。在语言结构中，作家发现了历史的熟悉性，在风格中则发现了本人经历的熟悉性。社会在给作品打上明确的艺术标记，这样更牢靠地将作者引向自己的异化之中。❶ 这样，作者本人就在艺术中消失了。米歇尔·福柯并没有彻底否定作者的存在，他将作者的主体地位转化为作者功能观创设——问题不在于作者如何将意义赋予文本，以及作者如何从内部调动话语的规则来完成构思，相反，应当是：在话语中作者主体应当在何种条件下以何种形式出现，在话语的运作中如何起作用。❷ 如果作者被认为对作品具有权威性，也仅

---

❶ [法]罗兰·巴尔特. 符号学原理 [M].李幼蒸，译. 北京：生活·读书·新知三联书店，1988：67-70.

❷ 刘洁. 论福柯的作者观 [J]. 理论界，2010 (4).

仅是因为他是话语的参加者，但其对话语的分析是起不到重要作用的，作者功能实质上仅是一种界定话语存在和运作话语传播的话语功能。❶ 后现代主义哲学观对现有的自成一体的理论进行解构，为了对现有理论提出新领域和新的研究对象，有时采取和先验的或实证主义的现象学根本对立的立场，难免失于偏颇。但是后现代主义揭示出作者的另一种功能意义，应该给我们以启示：一方面，作者通过作品表达出的思想依靠人类长期形成的交流媒介是可以被传递的，否则作品的存在没有意义；另一方面，由于词汇含义本身的多重性，作者隐含在作品中的思想又不可能完整地由词语传达给读者。读者对作品意义的理解源于自己的经历和思考经由社会共同遵循的语言结构而实现。不同心情、不同阅历、不同的社会背景等因素都会对作品内容的理解产生影响。作品的意蕴不是必然追溯到作者。当然这也说明了文化的延续性和发展性，读者依靠自身的想法对文本进行理解，这种理解与作者想要传达的思想存在差异。但是这种差异从某种意义上来讲，也是作品创作的潜在根源，读者也可能会成为作者。虽然我们不能据此全盘否认著作权制度中作者的地位，但是我们必须承认在对作品内容的理解和传递中作者以外的其他人的作用。

（一）表演者权

对表演者享有的权利在理论上有不同的观点。有学者认为表演中体现出表演者的独创性同著作权对象的性质相同，因而主张表演者享有的权利不应是邻接权，而是著作权。而大多数

---

❶ 陈长利. 论福柯的"作者-功能"思想——以《什么是作者？》为考察对象[J]. 北方论丛，2008（5）.

学者认为表演者因其行为区别于著作权的创作本质而享有邻接权，这也是目前作者权体系国家所采用的依据。德国著作权法专家雷炳德指出："他们（表演者）所再现的仅仅是原作者在作品中已经设想好了的东西"，"他们只是把作品中作者的精神、作者的感受、作者的声音、作者的思想带给了我们。"也就是说，表演者所做的只是最大限度地展示被表演作品中的美感。从观众的角度来看，表演者必须忠实于作品的内容。表演者在表演过程中所进行的艺术性发挥和创作，相当于作者对于作品的创作而言，其独创性程度是很低的。但是按照这样的逻辑推理，不根据作品进行表演则是具有独创性的，而针对作品进行的表演则是无独创性的或是独创性低的，这样就出现了同样性质的表演行为享有了不同性质权利的现象。

是否是针对现有作品进行表演，而表演是否忠实于作品的内容，与表演行为中体现出的独创性程度没有必然的联系，真正据以判定表演是否具有独创性的应是表演行为本身。另有观点认为，采用著作权保护作品的主要依据是作品的独创性，因为作品本身就是一部创作事实。相反，保护表演者的权利并不需要表演有独创性或有某种使之不同于以往表演的创新成分。如果要求表演具备独创性，那么对表演者的权利保护很不利，尤其是对于那些隶属于某个乐团的演奏者很不利。❶学术观点的不同归结于对表演的不同认定。

美国纽约大学理查德·谢克纳（Richard Schechner）是目前在表演理论方面最有代表性的人物之一，他认为给表演下一

---

❶ ［西］德利娅·利普希克. 著作权与邻接权［M］. 联合国教科文组织和中国对外翻译出版公司，2000：285.

个定义非常困难，表演可以扩大到任何行为，"表演是单个人或一群人在其他单个人或一群人面前为这些人所做的行为"。❶研究表演者权利国际保护的学者欧文·摩根（Owen Morgan）认为出于法律上保护的目的，表演概念的确立应建立在两个条件上：第一，表演必须通过行为表现出来，第二，表演必须与观众交流以达到娱乐、教育或者例行仪式为目的。❷

在艺术理论上，表演是通过身体语言表达思想的一种艺术形式。如果说创作作品本身是一种事实行为，因为思想到表达本身就是创作的话，那么表演本身也是一种创作事实，只不过是通过身体语言的方式进行创作。表演艺术中的行为或动作，源于现实生活中人的动作，有目的性并且合乎逻辑。"舞蹈只有在尊重和保存有关人的自然动作语言的含义时，才会为人所理解"。❸ 但表演是为了刻画人物，塑造形象，通过表演者对剧情和人物的深入研究、深刻理解和感受，对角色和生活的想象虚构、提炼加工、再创造出来的。表演中蕴含着表演者自己的内在感情，如何将这种感情准确、鲜明地表现出来传达给观众，不能仅凭自己的形体、声音去表演，必须要投入自己的思想、心灵和感情。我国戏剧表演十分注重外在形式——"形似"，锤炼出了各种细腻、优美的表演程式，同时它又主张"神似"，表演者在表演时内心要激起自己曾经深切感受过的感情，这说明要把人物的精神气质、内心情感体现出来，表演

---

❶ R. Schechner. Performance Theory. Routledge, London and New York, 1988：22，n10. 转引自袁晓爽. 表演者权利研究 [M]. 北京：法律出版社, 2010：20.

❷ Owen Morgan. International Protection of Performers' Right. Hart Publishing, Oxford and Portland, Oregon, 2002：27.

❸ 于平. 中外舞蹈思想概论 [M]. 北京：北京舞蹈学院内部教材, 622.

者既要生活于剧本的规定情境之中，具有角色应有的充实的内容活动和真挚的感情，同时又要有高度的控制力。表演技巧可以通过学习来掌握，但是表演的精髓却是专属于表演者个人的体会。

针对现有作品的表演，表演者带给观众的是源于自己的理解对作品内容进行再现，这种再现融入了表演者凭个人的资质、理念和悟性的个性创作，尤其是从文字到动作或者从乐谱到音响的转化，这其中都存在超出作者想象的因素。美国版权法理论认为：表演者表演他人的作品本身就是创作，可以构成有"独创性"的作品。汉德法官针对音乐乐谱的表演指出：音乐作品本身是不完整的，乐谱并不能显示出音乐的和谐与配音，表演者根据自己的天赋进行广泛的选择，这在一定程度上是对乐谱具有"独创性"的"再创作""安排"或"改编"。❶ 美国斯特恩（Stern）法官也认为：人们通过表演者的创造性表演欣赏和理解音乐作品，表演者应当对自己的创造性劳动享有财产权，而且这种财产权利与音乐作品所享有的权利不发生重叠，两者的权利也不会相同。❷ 经由表演，作品已经转变为全新的表达形式，具体表现为依据表演者对所塑形象的个性理解的内在形式和以表演者身体语言为媒介的外在形式。与其说表演是表演者对作品的传播，不如说是表演者对自己思想的创作表达。表演虽然没有增加作品的内容，但是表演者给观众带来的是富有内涵的新的艺术形式。现代高科技的迅猛发展和人

---

❶ See Capitol Records, Inc. v. Mercury Records Corp., 221 F. 2d 657, 664 (2d Cir., 1955).

❷ See Warning v. WDAS Broadcasting Station Inc.

类文化艺术水准的不断提高，给表演艺术带来了新的冲击和影响，使得表演形式日益走向多元化、多样化。一些与传统表演形式截然不同的、不以作品为基础所进行的新型表演形式出现。在这些表演中，除了有表演者投入的大量人力物力外，表演者追求新的表演形式，其中凝结着不少于作品的智力上的独创成果。因而表演仅仅是传播作品的一种辅助行为的传统观念应当打破，解除著作权法只保护狭义表演的陈旧观念束缚，给以作品为基础所进行的表演以适当程度的保护。

在表演中艺术价值的差异很大，有精湛的表演和普通的表演之分，艺术价值的大小无法否认表演行为中的独创性。但是模仿现有表演的人是否享有表演者权？从目的而言，模仿者追求的效果是与原表演者的表演相一致，但因为表演是以身体符号为载体，由于身体符号的差异性，模仿者无法达到与被模仿者一致的效果。本书认为这种情形类似于作品的临摹，临摹者的创造力在于"无限接近地泯除一切个人特征"，[1] 模仿与临摹一样无法享有著作权意义上的权利。如果模仿或临摹的最终结果与原作品一致，则是构成对原作品的复制。只有模仿或者临摹与原作品具有差距时，才体现出模仿者与临摹者的个性。那么，对表演者模仿来自自然界的声音、动物的动作等自然现象，是否认为具有独创性？本书认为，对自然现象的简单模仿，追求的同样是达到逼真的效果，如对自然界的雷声、雨声、鸟叫等的单纯模仿，则这种模仿表演不具有独创性。但是如果经过舞蹈动作的编排、设计，使模仿对象脱离"自然状

---

[1] 浮新才. 创作论——兼论几个有关的问题 [J] //金渝林. 论作品的独创性. 法学研究, 1995 (4): 54.

态",成为某种"风格化"的表演,这种表演就具有独创性。比如著名舞蹈家杨丽萍表演的孔雀舞,以孔雀为原型塑造出的却是一个全新的艺术形象。表演者享有利益,恰恰是基于独立于作者的,在作品的再现中所付出的创造性劳动。否则,表演者权和各国著作权法中规定的音乐、戏剧、曲艺、舞蹈、杂技艺术作品的著作权,将无从区分。

随着我们进入数字网络时代,表演的传播途径发生了剧变。各国均对原来的法律制度作出相应调整以适应数字网络时代表演者权益的保护,在此背景下我国《著作权法》为表演者增设了新型的信息网络传播权。然而,我国立法对表演者广播权和信息网络传播权的规定均不够明确、具体,这导致对表演者权利的保护不能达到我国参加的国际条约的保护要求,同时造成司法实践中法律适用的混乱。学界对将有线广播和通过网络进行的非交互式网络传播纳入表演者权利范围并无异议,争议焦点在于应纳入表演者的何种权利。有的学者认为应将非交互式网络传播纳入信息网络传播权,❶有学者认为应将现有的广播权和信息网络传播权合并形成新的"向公众传播权"。❷而有学者认为我国《著作权法》将信息网络传播权的涵盖范围限于交互式网络传播行为本身就是对 WCT 对应条款的误读。

---

❶ 焦和平. 论我国《著作权法》上信息网络传播权的完善——以"非交互式"网络传播行为侵权认定为视角为视角 [J]. 法律科学, 2009 (6): 143 – 150.

❷ 张伟君. 从网络广播看我国网络传播著作权的完善 [J]. 理论探讨, 2009 (12): 44 – 46.

WCT 的定义采取了概括加例举的方式❶，交互式传播方式只是其中一种方式，而我国在立法中却省去了其中的"包括"二字，不当地缩小了立法的涵盖范围，《信息网络传播权保护条例》又错误地重申了这一定义。所以，我国可以通过立法修改或司法解释的方法扩张信息网络传播权，使其涵盖一切通过网络传播的行为，同时包括 WPPT 中表演者享有的"向公众提供权"。另外，明确我国《著作权法》上表演者广播权的内涵，使其涵盖范围确定为通过无线广播、有线广播等方式传播表演的行为，这不仅将有线广播纳入了涵盖范围，同时可以作为表演者对传播其现场表演控制权的兜底条款，为未来纳入新出现的传播方式留有余地。因此正如 WPPT 在定义表演者的向公众传播权时采取了"除广播以外的任何媒体向公众播送表演的声音"的定义方式。我国著作权法也可以将表演者的广播权扩张为涵盖除网络传播以外任何其他的传播方式。❷ 在对表演者行为结果的独创性属性分析以后，表演者获得了在著作权制度体系权利保护的正当性，理应比照作者得到法律应有的保护。

（二）录音制品制作者权

美国、意大利等国和我国台湾地区是将录音作品（sound recordings）作为著作权的一类对象进行保护，作者权体系的大多数国家则没有确认录音作品，而是通过授予录音制品制作者不同于著作权的权利，即邻接权来保护录音制品（phono-

---

❶ WCT 第 8 条对"向公众传播权的"定义为："……文学和艺术作品的作者应享有专有权，以授权将其作品以有线或无线方式向公众传播，包括将其作品向公众提供，使公众中的成员在个人选定的地点和时间获得这些作品。"

❷ 侯秀如. 数字时代表演者广播权和信息网络传播权之重构［J］. 法制博览，2012（1）：27.

grams）。录音作品不同于以录音带为载体展现的，录音作品是由于录制者投入的创造性劳动使其智力成果具备了作品的条件，而后者是以录音带为外在形式，是作品的存在形式。

但作者权体系国家所谓的录音制品实际上与版权体系国家的录音作品同义，并不是指"由现在已知的或以后发展的任何方法对除伴随电影和其他视听制品中各种声音以外的声音加以固定的物理载体"，仅是由于两个体系国家对作品的概念界定不同所导致的，这是术语应用和立法技术上的不同，并没有原则上的分歧。❶ 鉴于本书探讨的邻接权问题是作者权体系国家特有的概念，因而此处采用"录音制品"概念。录音制品要求是由录制者首次固定的，只有录音的原始录制品才是权利产生的根源，如果是通过对录音制品的复制而产生的，即使存在的物质载体相同，也不能认定为邻接权的对象。录音制品制作者作为邻接权的主体，主要产生于作者权理论的两项原则：其一，只有自然人作者，才具备著作权保护的资格；其二，某一作品获得该种保护，必须真正是创造性的，显示出"作者人格的印记"。❷

录音制品既可以是对表演等作品的录制，也可以针对任何声源进行录制。实践中，录音行为可以表现为借助录音设备对声源的单纯录制，对于这类录音制品，录制者的劳动主要体现在技术方面，其目的是保证录制的表演或其他声音的高度保真，追求的是与录音的源音保持一致。"单纯凭技巧从事的智

---

❶ 孙雷. 邻接权研究 [M]. 北京：中国民主法制出版社，2009：4.
❷ [美] 保罗·戈斯汀. 著作权之道 [M]. 金海军，译. 北京：北京大学出版社，2008：158.

力活动只限于运用已经掌握的专门技术,所以它不属于智力创造活动的范畴"。❶ 这类行为应当认定为复制行为。在一个复制和传播技术日益发达的时代,任何人借助一定的设备即可以进行。

但是如果录制行为是按照一定的意图选取声源,并对该声源进行编排,剪辑,形成一个体现一定思想的制品,比如对表演者的演唱制作出富有艺术效果的录音制品。在此种录音制品的制作过程中,录音制品制作者组织专业人员录制唱片时,除了在专业技术上提供一个最佳录音环境,使表演者能够最大限度地发挥其才能,进行最佳效果的表演。同时利用专业设备进行忠实的录制,并在对录音进行过滤、剪辑之后灌制成唱片。录音制品制作者在录制过程中发挥着显著的作用,与录音操盘人员、技术总监、导播等具体环节的操作人员工作不同,其统筹协调指挥着录音工作的各个环节,录音制品制作者的思想在录音制品中得以集中体现。

实践中录音制品制作者和音像出版者的属性极易混淆。音像出版者是对录音录像制品进行发行、传播的人,音像出版者和录音制品制作者的关系类似于图书出版者和作者的关系,虽然录音制品制作者有时会自行发行录音制品,但是录音制品制作者是录音制品的真正权利主体。

在我国著作权法中还存在的"录像制品制作者",一直以来,都是和"录音制品制作者"相提并论,在实践中录音制品和录像制品被统称为音像制品。2001年我国在修改著作权法时根据《伯尔尼公约》规定,增加了"以类似摄制电影的方

---

❶ 金渝林. 论作品的独创性 [J]. 法学研究, 1995 (4).

法创作的作品",这一概念的增加,与我国实践中长期以来使用的音像制品概念产生了分歧。在我国,电影作品和以类似摄制电影的方法制作的作品是著作权的对象,而录像制品则是邻接权的对象。1989年世界知识产权组织缔结的《视听作品国际等级条约》将一系列镜头伴随或不伴随声响而固定在一定介质上,可以复制,可以供人们视听的作品,统称为视听作品。其他国家一般采用"电影作品"或"视听作品"概念。我国《著作权法实施条例》中规定:录像制品是指电影作品和以类似摄制电影的方法创作的作品以外的任何有伴音或者无伴音的连续相关形象、图像的录制品。录像制品是我国特有的概念。在德国将之称为"活动图像",包括对体育运动、自然活动、军事行动的拍摄,谈话节目、戏剧或歌剧等的拍摄等。德国学者雷炳德认为,人们对活动图像可以理解为图片的前后衔接以及图片与声音的衔接,这些衔接并不是建立在独创性劳动基础上的。❶ 由于对独创性的高标准,在德国并不认为这些摄制行为具有独创性。而德国2003年《著作权法与邻接权法》第95条规定,将适用于电影的特殊规定第88条关于电影改编权的推定、第89条第4款所规定的把图片制作人的权利转让给电影制作人的行为、第90条所规定作者各项权利的限制、第93条所规定对电影作品各方参与人的各项人格权的一系列限制以及第94条所规定对电影制作人的保护也适用于不能作为电影作品受到保护的连续图像或连续性音像。而对表演者的规定则

---

❶ [德] M. 雷炳德. 著作权法 [M]. 张恩民,译. 北京:法律出版社,2005:151.

保留其在活动图像上的全部财产权。❶

那么我国的录像制品是否与电影作品或以类似摄制电影的方法制作的作品有本质的差别？从通常来说，录像制品在制作程序上相对简单，在财力、物力的投入方面相对较少，但行为的过程并不是著作权法认定作品时需要考虑的因素。而认定是电影作品以及类似摄制电影的方法制作的作品还是录像制品的根本标准还是在于独创性判断上。录像是连续的相关形象、图像，其中包含对所拍摄对象、画面的构成、角度和技术设备、剪辑等人为因素的选择，这些行为结果中仍可体现出录像制品制作者具有一定独创性的思想表达。如果为了如实记录现场实况，仅对现场实况做不加任何设计的机械录制和简单记录，这种行为应当认定为复制。在这些制品中也存在着一定的价值需要保护，但对这种制品的保护应当与邻接权的保护有所区分。从这方面而言，录像制品受到邻接权保护的前提仍然是录像制品中体现出一定程度的独创性，这种独创性与电影作品以及类似摄制电影的方法制作的作品中体现的独创性没有质的区别。因而我国有学者认为在邻接权中加入"录像制品制作者权"显然是多余了。❷

（三）广播组织权

对广播作出明确定义的是在《罗马公约》中，其第3条第（f）款规定："'广播'是指供公众接受的声音或图像和声音的无线电传播。"当时囿于传播技术的局限，广播仅限于以无

---

❶ ［德］M. 雷炳德. 著作权法［M］. 张恩民，译. 北京：法律出版社，2005：205.

❷ 刘春田，主编. 知识产权法［M］. 北京：高等教育出版社，2003：97.

线方式进行的传播。WPPT对广播的方式进行了扩展，其第2条第（f）款规定，"广播"系指以无线方式的传送，使公众能接受声音、或图像和声音、或图像和声音表现物；通过卫星进行的此种播放亦为"广播"；播送密码信号，如果广播组织或经其同意向公众提供了解码的手段，则是"广播"。图像和声音的表现物包括了数字广播，此外，借助卫星的播送也明确纳入了"广播"的范畴。《广播条约草案》中对广播的定义延续了WPPT的规定——广播包含无线广播、数字广播和卫星广播，仍然将有线广播排除在外，另外明确规定广播不得被理解为包括通过计算机网络进行的播送。而WCT第8条规定：文学和艺术作品的作者应享有专有权，以授权将其作品以有线或无线方式向公众传播。直接以有线的方式传播应当属于该条约规定的"传播"。

我国《著作权法》第10条第1款第（11）项规定："广播权，以无线方式公开广播或者传播作品，以有线传播或者转播的方式向公众传播广播的作品，以及通过扩音器或者其他传送符号、声音、图像的类似工具向公众传播广播的作品的权利。"此条文字直接来源于《伯尔尼公约》第11条之二款规定的"广播及相关权利"：文学和艺术作品的作者应享有许可下列行为的专有权利：（1）广播作品，或以其他任何传送符号、声音或图像的无线传送手段传播作品；（2）由原广播组织之外的其他组织以有线传播或转播的方式向公众传播广播的作品；（3）以扩音器或其他传送符号、声音或图像的类似工具向公众传播广播的作品。❶ 由于我国关于广播权的立法直接来源于国际条约的相关内容，而国际条约的制定过程中往往充斥着各国利益妥协的痕迹，其并不能准确地紧跟各国实际立法需求。事实上，广播技术在各国已经有了很大的发展，有线广播技术早已不是为了转播无线节目，而是直接用于播放电视节目。我国著作权立法依据《伯尔尼公约》的规定将有线广播排除在广播权之外。当然这样的立法显然也不符合我国加入的WCT的要求。基于这样的原因，我国广播权的立法远远落后于我国广播技术发展的现状。其他各主要国家著作权立法中对"广播权"的规定，均是根据本国技术发展的实际，以符合本国习惯的语言对"广播权"加以规定，并达到不低于《伯尔尼公约》要求的保护水平。如《德国著作权法》第21条规定：广播是指通过广播电台、电视台播放、卫星广播、有线广播，以及其他类似技术方式，使公众可以接触作品的行为。《澳大利亚版权法》第10条将"广播"定义为：根据《1992年广播服务法》中规定的广播服务向公众传播作品。而《1992年广播服务法》第6条规定：广播服务指向持有适合接收广播服务的设备的人传送电影节目或广播节目，而无论这种传送使用的是无线频率、电缆、光缆、卫星还是任何其他手段或上述手段的结合。

通常认为，广播组织权是广播电台、电视台对其播放的节目享有的支配权。广播组织权的对象是广播电视节目，即任何

---

❶ 王迁. 著作权法借鉴国际条约与国外立法：问题与对策 [J]. 中国法学，2012（3）：32.

由声音或图像组合的信号集合。❶

  目前广播组织因播送节目而对节目所依存的信号享有邻接权几乎成为共识，这当然也是国际公约统一认识的结果。事实上，对于广播组织因何而享有邻接权的保护仍存在争议。多数人在探讨广播组织权的时候，往往谈及广播组织播放节目的投资巨大，海盗行为盗取信号致使广播组织损失惨重——广播组织利益有保护的必要。这些都是客观情形，然而利益的保护方式是多样的，广播组织却要在著作权体系下获得权利保护，那么一定要在著作权体系下寻求正当的理由。

  在传播学看来，对报社、电台、电视台等媒介机构是从事信息的采集、选择、加工、复制和传播的专业组织，从其生产规模的巨大性和受传者的广泛性而言，可以把它们称为大众传播者，或称为大众传媒。广播组织即是大众媒体的组成，电台、电视台是从事信息的采集、选择、加工、复制和传播的专业组织，对原创性表达进行编排中体现其传播媒体的意志。广播组织作为信息传播的专业性组织，当然不是简单的信号播放，在其传播过程中，对信息的采集、选择和加工是其传播之前必经的工作，这其中的独创性不容忽视，这些独创性的行为结果才是广播组织获得邻接权保护的根源。目前有一种观点认为，新兴的互联网络等电子媒介正在逐渐取代大众传媒的作用，这种观点存在概念上的模糊认识。严格地说，互联网络只是一个由硬件和运行软件构成的基础设施系统，而不是一个传播主体，真正的传播主体是那些使用这个设施系统进行着信息的生产、处理和传播的社会组织或个人。目前在网络世界里，

---

❶ 李琛. 知识产权法关键词 [M]. 北京：法律出版社，2006：142.

最积极、最活跃、最拥有力量的传播主体依然是通讯社、报社、广播电台、电视台等专业的媒介组织，他们不但提供的信息量大，而且用户的接触率、利用率最高。❶ 大众传媒的新闻或信息的生产与传播并不具有纯粹的"客观中立性"，而是依据传媒的一定立场、方针和价值标准所进行的一种有目的的取舍选择和加工活动。❷ 广播组织正是利用传播媒介将这种立场、方针和价值标准融入对节目的编排、设计中表达出来。

广播组织播放的节目可以分为三类。第一类是由广播组织自己投资制作的节目，这类节目是根据广播组织的意志而制作，广播组织被视为著作权人而对节目享有著作权。第二类是由广播组织播放的不构成作品的节目，如体育比赛的直播、突发事件以及有重大影响的事件的直播，这类节目中也体现出广播组织对所直播事件具体细节的选择和编排。如对奥林匹克运动会的赛事直播已经形成了一整套专业的工作流程：设备的选择、机位的设置、镜头画面的转换、直播报道形式的确定、解说词的构思等，为了达到好的传播效果，广播组织从主题、创意和表现形式等方面进行总体编排、配置。对于这类节目广播组织应享有单独的权利。第三类是广播组织依据著作权人的授权进行播放的作品。对这类节目，广播组织享有的是根据与著作权人所约定的合同权利，不享有邻接权意义上的权利。这样一来，广播组织具有原创性的节目受著作权法保护，广播组织权的对象就是依据传媒的一定立场、方针和价值标准所进行的一种有目的的取舍选择和加工后的创造性表达。广播组织对享

---

❶ 郭庆光. 传播学教程 [M]. 北京：中国人民大学出版社，1999：59.
❷ 郭庆光. 传播学教程 [M]. 北京：中国人民大学出版社，1999：165.

有著作权的作品的单纯播放行为应视为对该作品的公开传播行为，广播组织对此不应享有邻接权，此时广播组织享有的是基于合同的相对权，其内容与著作权人协商确定，可以是专有播放的权利，也可以是非排他性的播放权利。广播组织对其整套播出节目的编排和选择，享有邻接权。

但对广播组织的权利对象是保护广播信号还是广播节目，在立法和学术理论上还存在分歧。《罗马公约》中虽然规定了对广播组织各项广播行为的保护，但对广播行为所延及的本身未作规定，❶ WIPO 认为罗马公约要求成员国保护的是承载着广播节目的无线电磁信号，而不是信号所承载的内容。❷ 各国在立法中也体现出对广播组织权利对象的不同。加拿大在《版权法》第 2 章中确定了"通信信号的版权"，❸ 法国则是针对视听传播企业的节目提供保护。❹ 在美国就有线电视的播放行为进行讨论的时候，就已经很明显地就广播节目和广播信号进行了区分。有线电视公司是通过建立基础设施对广播节目以及远程节目信号进行再传送行为向相关用户收费。对此，广播公司和版权人认为有线电视公司的再传送节目的行为是利用了版权资源获取利益，构成对广播节目的公开表演，且具有营利性质，属于侵权行为。但 1968 年在 Fortnightly Corp. v. United Artists Television Inc. 一案❺中，美国联邦最高法院的斯图瓦特

---

❶ Rome Convention, Oct. 26, 1961, Art. 3 (f).

❷ WIPO doc., Protection Broadcasting Organizations, SCCR/7/8, Apr 2002.

❸ 《加拿大版权法》第 2 章的标题：Copyright In Performer's Performances, Sound Recordings And Communication Signals 中采用通信信号。

❹ 参见《法国知识产权法典》第 L. 216 – 1 条款。

❺ Fortnightly Corp. v. United Artists Television Inc., 392 U. S. 390 (1968).

（Stewart）法官认为，有线电视公司的天线系统是为了提高电视收看者接收广播电视信号的能力，而接受信号的行为不属于播放行为。美国联邦最高法院在 1974 年 Teleprompter Corp. v. Columbia Broadcating System Inc. 一案中进而认为再传送远程节目信号也完全不受 1909 年版权法的约束。❶ 双方经过艰难的谈判，最终以 1976 年《美国版权法》第 101 条❷、第 111 条❸ 达成妥协，即第 101 条认定有线电视的再传送广播节目的行为属于公开表演，而第 111 条又以强制许可的形式允许有线电视公司在支付法定许可费的情况下再传送地方或远程广播电视节目。

这一分歧同样源于邻接权权利对象属性的不同界定。如果广播组织权保护的是广播组织的技术性和经济性投入，广播组织所有播送行为的载体都是广播信号，将广播信号作为广播组织权的对象，这样对于广播组织所有经济投入的保护将最为全面。我国有学者明确认为，广播组织的权利仅是对组织广播信号者的经济回报。转播权是广播组织权的核心，基于保护客体是"载有节目的信号"这个逻辑起点，只有这样才能将广播组织权的客体和著作权的客体区分开来。❹ 但是如果邻接权保护的对象是广播组织具有独创性劳动的成果，那么显然广播组织权保护的是广播节目。广播信号是广播节目用以传播的载

---

❶ Teleprompter Corp. v. Columbia Broadcating System Inc., 415 U. S. 394 (1974).

❷ 17U. S. C. §101.

❸ 17U. S. C. §111.

❹ 胡开忠，等. 广播组织权保护研究 [M]. 武汉：华中科技大学出版社，2011：36.

体，不是体现广播组织独创性表达的外在形式。实际上，对广播节目的保护，必然涉及对广播节目赖以存在的广播信号的保护。从这方面而言，如果仅对广播信号进行保护，在广播节目不以广播信号为载体而存在时，比如对广播节目的录制发行，就缺少了保护依据。因而是保护广播信号还是广播节目，关系到广播组织权保护对象的属性确定。

三、体系化思维下邻接权权利对象属性确立

通过对传统邻接权主体的行为结果进行分析，我们发现，传统邻接权主体的行为结果，可能是具有独创性的，也可能不具备独创性。这种情形下，著作权体系内的混乱是无法避免的。那么以主体为依据，认为只要是表演者、录音制品制作者和广播组织都享有邻接权，是邻接权理论和逻辑混乱的根源。而按照上文的阐述，表演者、录制者和广播组织可以通过表演、录音制品和广播节目表现自己的个性思想，这种思想独立于作品内容，更不是作者的思想。邻接权的对象找到了与著作权对象相同的上位属性，即表达。权利对象的属性决定权利的性质，著作权对象的属性是独创性的表达。那么邻接权对象的属性是什么？

萨维尼认为，法学的体系化任务应对法采取一种"内部观察方式"而不是费希特（Ficht）所采用的"外部观察方式"。所谓体系化，其本质在于"对内在关联或亲和性进行认识和描述，由此将个别的法律概念和法律规定形成一个大的统一

体"❶。这首先就要求法律体系的无矛盾。同时，体系要具有抽象性，需要将概念划分为种概念和属概念，以体现法的内容整体，而非个别内容的汇编❷。著作权概念和邻接权概念面临着体系化要求下的统一基础，这种基础的选择必然受到著作权整个法律体系价值取向的影响。

答案显而易见，邻接权的对象属性只能建立在独创性的质的规定性上。那么，不具有独创性的对象却闯入邻接权对象范畴内就是利益衡量下的结果。公平原则的缺位给其已经带来的或可能带来的不公正待遇，必会使邻接权人的付出和其所期待的回报之间出现一种严重的失衡。而这种失衡，挫伤的就是唯一能驱动邻接权人进行创造的活力和激情。这种的立法选择最终导致邻接权概念的逻辑混乱以及邻接权权利内容的不适当扩张，同样对公共利益带来的损害不容置疑。相应地，传统邻接权概念只能分崩离析。邻接权在对象属性上与著作权的统一性，使游离于著作权体系之外的邻接权找到了归属——邻接权本应是著作权体系的组成部分。

随着权利对象属性的重新界定，新的邻接权范畴得以确立。

法律概念的设计就是在一定的目的之下，将一定的特征组合或排列在一起，将一定的价值蕴含其中。没有特征的取舍不能造就概念的形式，没有价值的负荷不能赋予法律概念的实质。在法律概念负载了价值之后，便可以应用法律概念来传递

---

❶ 朱虎. 法律关系与私法体系——以萨维尼为中心的研究 [M]. 北京：中国法制出版社, 2010：7.

❷ 杨代雄. 萨维尼法学方法论中的体系化方法 [J]. 法制与社会发展, 2006 (6)：24.

信息，并利用逻辑的运作来实现预设的法律规范的价值，这也是法律概念的功能之一。邻接权的重建，更加注重与著作权概念范畴的统一，这种统一是以著作权制度的价值取向为基础。这种统一不仅是邻接权范畴内各事物特征的统一，还应是邻接权概念与著作权概念体系的统一。

邻接权对象与著作权对象在上位概念上具有统一性，即都是独创性的表达。传统观点认为，独创性劳动的有无是造成著作权概念与邻接权概念相区分的原因。但是经过上文的分析，对于传统邻接权与著作权的对象而言，谓二者对象的独创性程度一定高或者一定低都不准确。尤其是对于适用于文学艺术领域的对象，独创性程度的判断本身即带有较强的主观性和不确定性。

第一，邻接权对象统一在"表达"的前提下。这种"表达"可以包括对现有作品以及已过保护期限进入公共领域的独创性表达，还可以包括不构成独创性表达的信息再现。

第二，邻接权对象是对作品或不构成作品的信息的独创性再现，对邻接权对象"独创性的限定"是源自著作权制度的价值判断。邻接权对象的独创性具体表现为对现有的表达赋予新的表现形式。邻接权对象的属性也是"表达"，它也是内在表现与外在表现形式的统一。内在表现借助外在表现形式，体现出对现有表达的重新安排、取舍中邻接权人的独特个性和想法。这里邻接权对象表达的内容不再囿于原有表达内容的制约，而是对邻接权对象而言，在与原有表达的比对中，要体现出邻接权人赋予原有表达新的表现形式的独特思想，这种内容蕴含在新的形式中。这才是邻接权对象内在表现与外在表现的统一。

邻接权的对象是对现有表达的再现，这种再现本身不能用以说明邻接权对象独创性程度低，许多作品的再现都展示出较强的独创性，比如改编、翻译等。邻接权对象强调的是在改变现有表达外在表现形式的过程中表现出邻接权人设计、选择、取舍独特思想的表达。著作权制度的价值在于它在创作者、传播者及使用者之间调节利益的公平分配。邻接权对象"独创性"的限定则有利于邻接权实现公平正义。即使是表演者、录音制品制作者或者广播组织，如果仅是对现有表达的模仿、简单录制或是直接播放，都不能享有邻接权。仅以表达的再现来定义邻接权对象，或者认为对作品的传播进行经济或劳动的投入就享有邻接权，无疑将会造成邻接权权利内容的极大膨胀，创作者和使用者之间的利益将失衡。由于统一在独创性的质的规定性，邻接权对象与著作权对象属性具有同质性，在著作权制度中邻接权人则确立了平等的法律地位。

第三，邻接权的对象并不一定以物质的形式固定。这一点与著作权对象，即作品的构成条件相同。如我国著作权对象中存在口头作品的类型。

不可回避的是，法律保护利益的根本目的。邻接权不容置疑地同样是利益保护和调节利益分配的工具。但是利益的保护要有正当的基础，尤其当以某个体系下的权利来保护利益的时候，新的权利的产生一定要立足于该体系下权利设定的原则。从邻接权隶属于著作权法律体系来看，邻接权的正当性与著作权的正当性基础存在理论上的延续性，邻接权的产生应当符合著作权法律体系下权利的正当性设置，这也可避免任何利益集团打着保护与作者利益相关的旗帜跻身于邻接权主体，从而导致邻接权权利的无限扩张。邻接权人凭借其独创性的贡献在著作权价值链上获得了与作者同样的主体地位。

邻接权对象具备与著作权对象，即作品同样的属性，这也是在著作权法律体系中对邻接权人的利益采用设权保护的根本原因。在著作权制度中对邻接权的设权保护模式注定了邻接权概念的成立应当符合著作权的基本原则，如果仅根据与著作权有关的权益，即采用与著作权同样的设权保护模式在逻辑上无法说通，更无法解释邻接权制度的繁衍扩张。邻接权权利对象的独创性本质在剥离一层层利益包裹的外衣之后得以显现，其中的利益关系清晰起来。于是，所有的作者和传播者因为其表达中的独创性找到了权利的归属。没有做出独创性表达的传播者一定不享有邻接权，表演者、录音制品制作者、广播组织并不是当然的邻接权主体。

第四节 本章小结

本书不否认著作权分配利益的工具性，但是在著作权法律关系中涉及作者、使用者、传播者以及其他在版权产业中的投资者，如何协调他们之间的利益关系，需要对主体间权利的享有进行区分。区分的依据即是对各主体享有权利的合法依据进行论证。在体系化思维的前提下，邻接权与著作权取得了统一的基础，即都是对独创性表达而享有的权利。由此在著作权法中，邻接权具有与著作权同样稳固的地位。"法的体系化程度越高、呈现的逻辑自足性越强，其说服力也就越强"。❶ 面对后现代主义对作者概念的解构以及网络技术发展带来的对著作

---

❶ 李琛. 论知识产权法的体系化 [M]. 北京：北京大学出版社, 2005: 162.

权制度本身的质疑，著作权体系内各种概念与原则的协调一致，将会强化著作权制度自身的正当性。

"历史情境的变幻足以改变人们的逻辑思维。"❶

权利概念界定的合理性评判与特定时期的法学目的追求密切相关。从西方权利发展史来看，在需要强调意志自由的时代，权利表达的是人的一种自由意思；在满足人的利益需求显得突出时，权利被理解为人的利益；而若要强化公共权力，则权利又体现一种权力保障……但这绝不意味着"目的决定论"下对权利概念的任意构建，对于权利理论而言，某一种权利概念的选择都是自身理论一脉相承的延续的结果。邻接权的财产属性本身即包含了利益分配的功能，本书探求的是在财产权体系中，邻接权区别于其他财产权的质的规定性。统一在著作权体系下，邻接权必然具有与著作权相同的质的规定性。立足于权利对象同样应具有独创性的本质，传统邻接权概念被瓦解了。邻接权概念在著作权体系中找到了自己的归宿。

---

❶ [澳]布拉德·谢尔曼，[英]莱昂内尔·本特利. 现代知识产权法的演进：英国的历程（1760～1911）[M].金海军，译.北京：北京大学出版社，2006：106.

第六章　我国现有邻接权范畴之甄别

法律的本质不在于空洞的原理或者抽象的价值，而是取决于制定、解释和实施法律过程的特点。这些过程之间的互动决定了法律的供给与需求。❶制度的形成虽然有时候不是理性设计的或具有偶然性时，也并不意味着制度形成完全是随机的，无需任何条件的。❷法是第二性的，它根据人的需要来建构，法只选择它能够调整的事物、采用它能够实现的手段进行调整。当人们对事物的第一性本质苦苦追问时，法律只从规范的目的出发对该事物进行界定。❸

第一节　我国邻接权范畴混淆之根源：独创性标准的不统一

有关独创性标准的问题，我国著作权立法中并没有明确规定，仅在《著作权法实施条例》第2条规定对作品进行界定的主要标准是独创性："著作权法所称作品，是指文学、艺术和科学领域内具有独创性并能以某种有形形式复制的智力成果。"2002年最高人民法院《关于审理著作权民事纠纷案件适用法

---

❶ [美] 尼尔·K.考默萨.法律的限度——法治、权利的供给与需求 [M].北京：商务印书馆，2007：2.

❷ 苏力.制度是如何形成的 [M].北京：北京大学出版社，2007：56.

❸ 李琛.知识产权体系化 [M].北京：北京大学出版社，2005：48.

律若干问题的解释》第 15 条规定：由不同作者就同一题材创作的作品，作品的表达系独立完成并且有创作性的，应当认定作者各自享有独立著作权。这一条可以作为对作品独创性的解释：作品的独创性是指作品表达而非思想的独创性，所谓独创性是指独立完成并且具有创作性。那么什么又是"创作性"？用"创作性"概念仍未能界定"独创性"的内涵。

由于我国立法上对作品独创性缺乏明确的定义和有效的阐释，对于我国独创性标准的采用学界存有不同的意见。而两大体系国家采用的独创性标准虽有差异，但并无优劣之分。对于独创性标准的选定，我国无论完整地借鉴哪一种做法都无可厚非，在整个著作权法律体系中坚持独创性标准的逻辑统一则是关键。

我国立法体系与大陆法系国家相近，对独创性的标准认定和适用相对更接近于作者权体系，但由于国情和社会文化政治发展状况的不同，不可能完全遵从某一国或某一体系的做法。也有学者赞成，"立足大陆法系，紧跟英美法系特别是美国版权法的最新发展趋势，并结合本国国情，对世界著作权法的发展作出准确判断，并运用恰当的立法技术把需要上升为立法的相关制度融入本国法律体系"。[1] 在我国现行著作权立法中能看得出深受美国、英国、德国、法国、日本等许多国家著作权立法的影响，汇集了世界各国著作权立法的精华。然而这些国家分属于版权体系或作者权体系，各国不同法律规则和具体制度的选择都隐含着深厚的历史渊源。如果仅对两大体系国家各

---

[1] 张恩民. 论现代著作权法的十大基本问题 [M] // [德] M. 雷炳德. 著作权法. 张恩民, 译. 北京：法律出版社, 2005: 20.

自的立法进行不明就里的借鉴,则会导致我国著作权法自身体系的不协调和条文之间的逻辑矛盾。❶ 现实是,根据我国《著作权法》对于著作权对象和邻接权(在我国《著作权法》中称为"与著作权有关的权益")对象所做的列举❷,我国著作权法保护对象的选择显然是结合了两大体系国家立法特点,而这种结合的背后映射出我国独创性标准的不统一,破坏了我国著作权法律体系自身的体系化。

比如前文提到的两大体系国家保护差异较大的两种客体:录影和照片。对于录影,我国著作权法保护的对象中存在"电影作品和以类似摄制电影的方法创作的作品"(以下简称"影视作品")和"录像制品"之分,前者是著作权保护的对象,后者则是邻接权保护的对象,两者之间以"独创性"高低加以区分。这是借鉴了《德国著作权法》的"两分法"。对于照片,我国《著作权法》中只存在摄影作品,未按照独创性高低区分为作品和普通照片,这又是采用了版权体系国家的独创性标准。在我国的判例中,法院曾认定现场摄制形成的录像"独创性"程度不高,不能构成"影视作品",只能构成"录像制

---

❶ 王迁. 著作权法借鉴国际条约与国外立法:问题与对策 [J]. 中国法学, 2012 (3): 29.

❷ 我国《著作权法》第3条:本法所称的作品包括以下形式创作的文学、艺术和自然科学、社会科学、工程技术等作品:1. 文字作品;2. 口述作品;3. 音乐、戏剧、曲艺、舞蹈、杂技艺术作品;4. 美术、建筑作品;5. 摄影作品;6. 电影作品和以类似摄制电影的方法创作的作品;7. 工程设计图、产品设计图、地图、示意图等图形作品和模型作品;8. 计算机软件;9. 法律、行政法规规定的其他作品。

根据《著作权法》第四章"出版、表演、录音录像、广播"中的规定,我国"与著作权有关的权益"包括:版式设计权、表演者权、录音录像制作者权、广播电台、电视台的权利。

品"。如"正东唱片公司诉上海麒麟大厦文化娱乐公司案"（以下简称"案例一"）❶ 中，法院指出，《情人说》和《回情》两首MTV的画面内容与音乐主题互相配合，进一步演绎了音乐作品的思想内涵。上述两首MTV系制作者使用类似摄制电影的方法，拍摄的一系列有伴音的电视画面，凝聚了导演、摄影、录音、剪辑、合成等工作人员的创造性劳动，因此属于以类似摄制电影的方法创作的作品。而《光年》MTV的画面为舞台现场表演的机械录制，不具有独创性，不属于以类似摄制电影的方法创作的作品，只属于录像制品。录像制品在我国属于邻接权保护的对象，录像制作者享有复制、发行、出租、通过信息网络向公众传播的权利，但不享有放映权。因而在案件中，法院确认了被告对《情人说》和《回情》两首MTV的放映行为构成侵权，但认定被告对《光年》MTV不构成侵权。

我国《著作权法》对于照片的立法处理，只规定了"摄影作品"，未在"邻接权"部分将"独创性"过低的"普通照片"列为受保护的客体。在我国实务中，法院为了对有价值的"普通照片"提供保护，防止他人未经许可使用，而将照片的"独创性"标准降低至与版权体系国家相同的程度。在"朱晓明诉烟台万利医用品公司案"（以下简称"案例二"）❷ 中，医生朱晓明为病人实施了腹腔镜胆囊切除手术，并利用手术设备自带的探头对手术全过程进行了同步录像。此后，其运用抓图

---

❶ "正东唱片公司诉上海麒麟大厦文化娱乐公司案"，（2004）沪二中民五（知）初字第12号。

❷ "朱晓明诉烟台万利医用品公司案"，（2005）沪二中民五（知）初字第171号。

软件截取了其中 6 幅画面。被告未经许可，在其产品宣传资料中使用了这 6 幅画面。本案的关键在于，这 6 幅从手术设备探头拍摄的录像中截取的画面是否构成"摄影作品"。法院认为，朱晓明结合自身的临床经验，从自己实施的手术录像中截取了临床应用医用膜的关键画面，在上述过程中，其确实为此付出了一定程度的智力性劳动，该智力劳动所体现的独创性达到了著作权法要求的最低限度，构成摄影作品，由此应获得著作权法的保护。

案例一中，法院已认定由摄影师在演唱会现场录制的录像因缺乏独创性，不构成作品，仅是录像制品。案例二中，医生在手术过程中的首要工作是运用设备进行外科手术，探头自动记录下了手术过程。因此，由探头拍摄的手术录像不可能被认定为"作品"，而只会被认定为"录像制品"。我们设想一下，如果被告不是使用了原告的 6 张截图，而是使用整部手术录像，法院该如何认定这部录像的性质呢？从不构成"作品"的"录像制品"中截取的画面，为什么就成了具备独创性的"摄影作品"？如果将"录像制品"中每一帧静止的"摄影作品"连起来，构成一个整体，是"作品"，还是"制品"？❶面对我国现行《著作权法》的规定，却不能给出明确的答案。

作品具备独创性是著作权法据以确定权利对象的依据。不具备独创性的思想表达一定不是著作权法保护的对象。根据前文分析，作为邻接权保护的对象，表演者、录音制品制作者以及广播组织的行为结果中均可能含有独创性的表达，笼统地认

---

❶ 王迁. 著作权法借鉴国际条约与国外立法：问题与对策 [J]. 中国法学, 2012 (3)：30-31.

为邻接权对象独创性程度一定低于著作权保护的对象也有失偏颇。而录像制品被认定为不具有独创性，却依然在我国受到邻接权的保护，享有相关的权利。我国邻接权权利体系内部独创性标准的不统一，以及用以区分著作权与邻接权独创性标准的不统一，更加剧了我国著作权与邻接权对象范畴的混淆。

第二节　邻接权的权利确认机理

权利确认的过程，是有效地增进主体对"自由、平等、正义"等理念追求的过程。一种利益上升为权利，是要经过"自由、平等、正义"理念检验的。❶ 自从法律产生以来，就一直与利益有着极为密切的关系。利益反映人与周围客观世界中对其发展有意义的各种事物和现象的积极关系，对利益的追求使人与世界的关系具有目的性，构成人们行为的内在动力。利益是权利的基础，权利是经过国家强制力保障实现的利益，而法律关系正是这种利益关系的体现。然而利益体现出复杂的多层次需求。因而在权利确认时把握利益的本质，理性地分析社会生活中的形形色色的"权利要求"，并从这些"权利"的表征中，选择合理、真实的法权要求，剔除虚假的、短期的、倾斜的"权利表现"，显得尤为重要。权利确认的过程本身虽然是一个利益衡量的过程，但其中包含着社会整体对公平和正义的具体理解。立法的目的在于公平合理地分配与调节社会利益、不同群体的利益和个人利益以协调社会正常秩序，促使各种不同利益各得其所。权利的确认需要服从于一国政治、经济的发

---

❶ 眭鸿明．权利确认与民法机理 [M]．北京：法律出版社，2003：79．

展走向，但应有权利的历史必然性和客观现实性，体现为对权利确认过程中的制约作用，要求在理性的立法过程中遵循权利确认的规则及衡平逻辑。

应有权利表现为社会主体在一定社会条件的作用下所形成的直接权利要求，这种权利要求是人的价值和尊严的体现。应有权利在现实的社会生活中的价值实现，离不开应有权利的制度化和规范化。然而欲验证、体验和认知应有权利的这种原生性质，在利益上升为权利，尤其是绝对权时，法律对权利的保护采用更为严格的模式，当然法律也设置了相应的平衡机制。

一、邻接权权利确认的内在制约

任何权利与自由要求的法权，均已隐含了对权利和自由的合理限制。法益上升为权利，即采用设权保护的模式来保护利益时，本身也要受到隐含在权利设置中的限制。如果对于不形成独创性作品的表达皆以"保护利益"的借口融入邻接权的范畴中，必将引起邻接权范围的极度扩张，这种排他性权利如果设置不当，对公共利益的影响极大。

对邻接权的确认，首先要改变过去以主体为划分标准的观念，即认为凡是表演者、录音制品制作者或广播组织就是邻接权的主体，要根据其行为结果进行界定，只有其行为结果是体现出一定独创性的表达才可以享有邻接权。

其次，权利的确认根源于权利对象属性的甄别。邻接权的权利对象是体现为独创性的表达，因而对权利对象所涉及的表达在独创性上进行区分。如果对不同属性的权利对象笼统地赋予同样的权利，将会带来权利的不公平。

邻接权人因其对现有表达所做的独创性贡献获得了在著作

权法中利益分配的正当性。采用设权模式保护邻接权，对邻接权保护的对象设定基本的判断标准，是采用设权模式保护邻接权的要求。

　　判断一个事物是否属于邻接权保护的范畴，大体应同时满足以下条件：（1）保护的一种表达形式，这种表达可以是对已有作品的再现，也可以是对不构成作品的表达；（2）具有独创性。有了邻接权的判断标准，即使在将来出现一种新的邻接权表现形式，照此种标准进行归类定性，为其提供一种恰当的法律保护工具。同时也可以抑制邻接权的扩张趋势，避免动摇著作权法律体系的根基。这为进入邻接权范畴设置一个门槛，邻接权应当是一个相对封闭的权利体系。邻接权的设权保护模式注定了邻接权的成立应当符合一定的条件，这个限定条件就是独创性。这种独创性表明邻接权对象与著作权有同等的质的规定性，仅是对于这类对象，具体表现为改变现有表达的外在形式而展示出特有的安排、取舍。这样说来，并不是所有的传播者都享有邻接权，包括录音录像制作者、广播组织并不是当然的享有邻接权，在权利确认时首先要符合独创性条件。

　　随着技术与艺术形式结合的越来越紧密，技术的发展带来的并不是作品创造性的减少，而是向着更高、更深的程度发展，作品形式出现多样化。由于作品保护"表达"，因其概念上具有模糊性，大多数国家以间接的立法模式对表达形式采用列举的方式予以明示。如德国《著作权法与邻接权法》第2条规定："属于本法保护的文学、科学、艺术作品的特别是指：①语言作品，如语言文字作品、演讲和计算机程序；②音乐作品；③包括舞蹈艺术作品在内的哑剧作品；④包括建筑艺术、实用艺术作品在内的美术作品及其草图；⑤包括用类似摄影方式制作的作品在内的摄影作品；⑥包括用类似摄影方式制作的作品在内的电影作品；⑦科学、技术方面的表述，如绘图、设计图、地图、草图、表格和立体表现形式。"❶ 在作品的表现形式上存在独创性的量的差异是客观存在的，如何确定独创性程度高或独创性程度低却存在着不确定因素。为了确保邻接权的稳定性，建议在立法中借鉴"作品"的立法模式，在法律条文中以列举的方式对适用低独创性的作品明确列出。如德国现在对邻接权的立法模式（仅是立法模式，不包括权利内容的设置）可以借鉴，对照片、科学版本、数据库等这些低独创性标准的对象明确在邻接权章节中规定，同时为了简化邻接权的规定，关于邻接权的问题可以参照著作权的有关规定进行补充。

此外，如果邻接权是对作品的再现，则要受到著作权人的权利限制。在邻接权人行使权利的时候，要尊重其他权利人的权利，不损害其他权利人的利益。

二、邻接权权利确认的外在限制

"对私有权利的必要限制，源于权利行使绝对要求的内在制约，是权利行使绝对法权中的应有之物"。❷ 独立的权利不需要依赖于他人积极行为就能在法定范围内无条件、绝对地实现其权利。绝对权必须符合相应的法定条件，同时还要受到法定的限制。权利绝对性必须经过法律的公示才能享有。权利取得的条件与内容必须由法律作出明确的规定。以自然法学为哲学导向，并不仅仅是为了在理性的框架下寻求真理的答案，更

---

❶ M. 雷炳德. 著作权法 [M]. 张恩民, 译. 北京：法律出版社, 2005：711.
❷ 眭鸿明. 权利确认与民法机理 [M]. 北京：法律出版社, 2003：103.

深远的价值选择在于：权利确认得以遵循理性的认知，通过有效的法律创设机制来确认权利。

"为确保建构之概念能经济有效地实现其规范目的，其建构、适用与调整自当心系该概念实现预设之价值的功能"。[1]在邻接权的概念中赋予其独创性的质的规定性，从另一个层面而言是对邻接权的内在限制。同时也是在使著作权制度回归鼓励创造、增进公共利益价值取向下的需要，这一概念的规定性将有利于著作权规范目的的实现。邻接权法律关系关系到邻接权人、著作权人及使用者的利益，如何使三者之间的利益分配公平正义，又有利于整个社会文学艺术和科学的发展，是邻接权概念功能的体现。

知识的传承性和共享性是人类社会不断发展和延续的前提，然而著作权却赋予权利人对其智力成果一定期限的垄断性权利，这是法律基于鼓励创造的价值考量而设置的。著作权与公共利益的关系成为著作权权利限制的基础，是确定权利范围的前提。在确认邻接权时，正确处理邻接权和公共利益的关系也是其设权的基本原则。邻接权的外在限制体现在对已经产生的权利范围进行限制，主要是通过设定邻接权的权利期限，设置"合理使用""权利用尽""强制许可"制度，以及对某些妨碍知识产权人实现其经济利益的行为视为"不侵权"行为。这些限制的初衷都是基于对公共利益的维护。

由于世界上两大法系不同国家基于不同的经济文化发展状况和不同的法律传统，对著作权、邻接权的授予及限制的需求和理解也各不相同，甚至差异很大，因此有必要在全球范围内

---

[1] 黄茂荣. 法学方法与现代民法 [M]. 北京：法律出版社，2007：67.

对著作权、邻接权的限制与例外进行协调。在邻接权制度中，权利的限制问题一直受到重视，并已形成比较成熟的制度规定。如《罗马公约》第 15 条明确规定对公约中所规定权利的限制包括："（a）非公开使用；（b）在时事报道中使用短小节录；（c）广播组织为用于自己的广播电视节目而通过自己的设备进行暂时录制；（d）仅用于教学或科研目的。"同时，该条还规定："缔约国的法律和规章仍可以对给予表演者、录音制品制作者和广播组织的保护，规定与该法律和规章对给予文学和艺术作品的著作权的保护规定的相同种类的限制。"❶

（一）合理使用

合理使用是对邻接权人行使权利最为严格的限制，因为使用人既不必征得权利人的同意，也不必支付报酬。同样地，对合理使用法律也作了明确的规定，不能滥用这种权利，否则会侵犯权利人的利益。对于合理使用，使用的目的是为了营利还是非营利，是判断是否是合理使用的关键，如果使用者出于"学习与研究""教育""科学实验""评论"等非营利目的，则此类行为属于正当使用。合理使用可以不向权利人支付报酬，也即免费使用。不支付报酬的限制首先规定在《伯尔尼公约》之中，是对著作权人的限制，目的在于满足公众对信息的需求。

（二）非自愿许可制度

非自愿许可是指根据法律的规定，不论著作权人是否愿意，使用人可以不经其许可而利用其权利客体，但应向著作权

---

❶ [法] 克洛德·马苏耶. 罗马公约和录制制品公约指南 [M]. 刘波林，译. 北京：中国人民大学出版社，2002：47.

人支付适当的使用费。非自愿许可涵盖两种情况：法定许可和强制许可。"法定许可"系指由法律直接授予的许可，而"强制许可"则指由法律对权利人设立的授予许可的义务，这都需要支付报酬。据此，有学者认为，"合理使用"由于其独特的性质被认为是"例外"，而"非自愿许可"则被称为"限制"（因为在这种情况下，著作权和邻接权被限制为仅有获得报酬的权利）。❶ 一般而言，法定许可比较灵活，使用者可以自己判断是否具备法定条件，而强制许可则由潜在的使用人向有关国家机关提出申请，由该机关来审查其是否符合法定条件。目前，世界各国多采用法定许可，只有少数国家和地区的著作权法采用强制许可。法定许可制度设置的目的是为了平衡权利人的专有权与社会公共利益。它既维护了著作权人和邻接权人的经济利益，同时也避免了知识产权的专有性对知识传播造成阻碍。因此法定许可是世界各国立法中普遍接受的做法。在邻接权权利行使中应注意技术保护措施对权利限制的破坏，使本应顺利进入公共领域的作品受到技术保护措施的阻碍，从而导致权利的滥用。

  从著作权法和邻接权法的发展史来看，可以说著作权法和邻接权法均是技术发展的产物。每当新的传播方式产生了新的利用作品的方式，权利人总是极力游说立法者将之纳入自己独占权的范围。因此，在涉及新的传播技术时，特别是那些关于大众消费市场的技术，如录音技术、无线电技术等，立法者总是要在既不影响权利人的创作激励，又促进新技术发展及相关

---

❶ [匈]米哈依·菲彻尔. 版权法与因特网[M]. 郭寿康，万勇，相靖，译. 北京：中国大百科全书出版社，2009：372-373.

新行业发展的前提下，谨慎地避免权利人对新技术的垄断。技术环境和相关的使用市场对作者和邻接权人的权利以及其他人的利益之间的平衡十分重要。每当市场条件发生变化时，就需要对现有的限制与例外的规定重新进行评价。在数字环境下，对权利的限制与例外进行评价非常必要。❶ 如果限制或例外缺乏可行性，也就相应丧失了其存在的正当性。衡量限制与例外的规定是否适当，就要用到三步检验法。

（三）三步检验法

三步检验法最初设计的目的是为了限制作者的复制权，由《伯尔尼公约》第 9 条第 2 款加以规定。TRIPs 协议首次把三步检验法确立为著作权限制制度的一个普遍适用原则。后来 WCT 和 WPPT 也分别把三步检验法作为衡量限制制度的标准或原则。这样，三步检验法的适用范围就逐渐从著作权领域扩大到邻接权的领域。TRIPs 协议第 13 条规定："各成员国（WTO 的各成员）对专有权作出的任何限制或例外规定仅限于某些特殊情形，且不得与作品的正常利用相冲突，也不得不合理地损害权利持有人的合法利益。"这条规定与《伯尔尼公约》中的规定并没有实质性的区别，只是把三步检验法的适用范围扩大到了版权领域的所有权利，也包括邻接权。后来的 WCT 和 WPPT，虽然其制定目的明确是为了应对新技术引发的挑战而提供解决方案，不过在这两个条约中关于限制与例外的规定使用的是技术中立的措辞，并没有因为数字和网络技术的原因而对条约的措辞作出相应的调整，因为三步检验法的内容

---

❶ [德] 约格·莱茵伯特，西尔克·冯·莱温斯基. WIPO 因特网条约评注 [M]. 万勇，相靖，译. 北京：中国人民大学出版社，2008：163.

非常一般化并且富有弹性，完全可以在新的数字网络环境下继续适用。❶ 三步检验法通常被描述为"对限制的限制"，其实从本质上讲，三步检验法是专有权和对专有权的限制之间的一个平衡器，它的作用主要是用来检验对著作权和邻接权专有权的限制是否超过适当的程度而损害了专有权人的利益，损伤其创作和传播作品的积极性。❷

此外著作权法律制度之外的其他法律制度也可以对邻接权制度进行限制，这主要包括反垄断法以及反不正当竞争法的制度安排对邻接权人权利滥用和实施垄断行为的限制。这种限制主要是从维护市场竞争秩序的角度来考虑，并不针对邻接权制度本身，而是针对特定当事人的行为。

第三节 我国现有邻接权范畴之检讨

由于邻接权概念界定的混乱，"约定俗成的说法"成为论证邻接权相关内容的前提假设。根源于此，对邻接权的权利范畴，学者间争议颇多。伴随着利益集团的游说和操作，邻接权的立法呈现出扩张的趋势，有学者顺应这种扩张趋势，主张这是充分发挥传播者的作用，繁荣文化发展之需，有学者则考虑到社会公共利益的受损，认为关系到公众利益的邻接权权利设置应当缓行。享有或不享有某种权利，从利益衡量的角度都可以找到依据。单纯而直接的利益衡量注定了无法说服对方——

---

❶ [匈]米哈依·菲彻尔．版权法与因特网[M]．郭寿康，万勇，相靖，译．北京：中国大百科全书出版社，2009：757-758．

❷ 相靖．广播组织权利限制制度探讨[J]．知识产权，2010(5)：76．

研究者之间各说各话。在邻接权的概念尚未确定清楚的情况下，论争邻接权的权利内容，无异于在沙堆上建设大厦。"从概念与原则出发的逻辑论证比含糊不清的直接利益衡量要清晰得多"。❶ 在对邻接权的本质进行界定之后，下文将以邻接权应有之权利标准来考量我国邻接权的现有权利范畴。在本书第五章所述，表演者、录音制品制作者和广播组织并不必然的享有邻接权，需要对其对象的独创性按照法律的明确规定予以确定。以下内容对上文未涉及的邻接权对象予以评述。

一、版式设计权

版式设计，是指对图书和期刊的版面格式的设计，包括对版式、排式、用字、行距、标题、引文以及标点符号等版面布局因素的安排。版式设计权是我国《著作权法》赋予出版者的一项重要邻接权，我国 1990 年的《著作权法》并未规定版式设计权，版式设计权的明确提出是在 1991 年《著作权法实施条例》之中。我国著作权法对版式设计权的规定很具有中国特色。根据现行《著作权法》第 36 条规定："出版者有权许可或者禁止他人使用其出版的图书、期刊的版式设计。前款规定的权利的保护期为十年，截止于使用该版式设计的图书、期刊首次出版后第十年的 12 月 31 日。"在《著作权法》中确认了专有出版权的同时，还存在出版合同条款，出版商要取得专有出版权就必须与著作权人签订出版合同，从根本上说，专有出版权是出版者基于合同取得的合同权利，不是法定之权。在著作权法中专门规定专有出版权，反映出立法的逻辑混乱。现行

---

❶ 李琛. 论知识产权法的体系化 [M]. 北京：北京大学出版社，2005：163.

法律在关于出版的专门章节中同时规定专有出版权和版式设计权，会使人产生专有出版权也是邻接权的误解。不过我国知识产权学界一些主流学者已明确指出，专有出版权是著作权有关权项的组合，而不是邻接权。我国国家版权局于2012年7月公布了《著作权法》修改草案第二稿（以下简称修改草案），将现行《著作权法》第四章"出版、表演、录音录像、播放"删去许可使用等内容后提前至第三章，并更名为"相关权"。其第30条第2款规定："本法所称的版式设计，是指对图书和期刊的版面格式的设计。"第31条也分为两款，分别规定："出版者有权许可他人使用其出版的图书、期刊的版式设计。""前款规定的权利的保护期为十年，自使用该版式设计的图书或者期刊首次出版后次年1月1日起算。"修改草案明确区分了出版者的专有出版权和版式设计权，在相关权部分仅规定版式设计权，将专有出版权置于权利的行使部分予以规定，在立法体系上、逻辑上具有明显的进步性和合理性。❶

然而版式设计权并非为世界大多数国家所采纳。版式设计权不是国际通用的概念，以独占性权利的方式保护版式设计也不是国际通行的保护版式设计的做法。

版权体系国家多以美术作品保护版式设计。例如，美国对于版式设计没有专门的规定，《澳大利亚著作权法》则规定出版商对于封面图片等可作为美术作品给予25年的保护期。在邻接权体系下规定出版者的版式设计权，我国借鉴了作者权体系国家的立法设计，但是在作者权体系国家，对版权设计权的

---

❶ 吕炳斌. 著作权法关于版式设计权的修改研究[J]. 中国出版, 2012（10）：59.

保护亦不尽相同。《德国著作权法》第70条规定，在邻接权中对于特定的科学版本赋予出版者25年的权利，目的是为了补偿出版者对于特定科学作品编辑出版所付出的劳动。我国台湾地区"著作权法"第79条规定："无著作财产权或著作财产权消减之文字著述或美术著作，经制版人就文字著述整理印刷，或就美术著作原件以影印、印刷或类似方式重制首次发行，并依法登记者，制版人就其版面，专有以影印、印刷或类似方式重制之权利。制版人之权利，自制版完成时起算存续十年。"

对于版式设计的权利性质，学术界的观点仍存分歧。大多数学者认为出版者对其出版的图书和报刊的封面、封底及整体版式的设计应享有的权利，属于邻接权范畴。也有观点认为，版式设计是一种造型设计，其中体现出编辑的独特风格，通过对字体、字号以及线条、色彩、插图等装饰的设计组合形成了平面艺术图案，据此，有观点认为图书期刊的版式设计符合作品的构成要件，应受到著作权法的保护。❶但与此截然相反的是，有观点认为版式设计是以作品为依托，是文字作品的一部分，离开文字作品，版式设计不能自成一体，因而版式设计和邻接权的对象并不相同。也有人认为，版式设计实际上是作者与出版社签订的出版合同的组成部分。从书稿到图书需要进行一些必要的设计，这是出版社编辑为图书出版应做的必要工作，类似于编辑对作品内容的文字修改，不应享有单独的权利。

本书以为，版式设计不仅仅是字体的选择、页边距的编

---

❶ 吕益林，姬峰.论图书期刊之版式权 [J].情报科学，2005（1）：62.

排，是融合作品内容的艺术性、技术性的新设计，虽然版式设计对作品本身不增加新内容，但版式设计中封面封底的颜色搭配、点、线、面的图案设计，字体与页面的选择安排注重与整个版面的协调，这些设计活动的确体现出设计者独特风格。对于版式设计而言，图书所展现出的样式是版式设计的外在表现，内在表现即是设计者对版面的独特构思，版式设计仍旧存在外在表现与内在表现的统一，与体现作品内容的文字无关，因而只要这种表现是具有独创性的，设计者也可以享有邻接权。我国2012年公布的《著作权法修改草案征求意见稿》对专有出版权与版式设计权所作的区分，表明二者在权利性质上的不同，更是表明我国对版式设计权权利对象的要求是应当具备邻接权对象的特征。尤其网络环境版式设计权的保护受到挑战，加强版式设计的创新性和数字化成为保护版式设计的主动性防御措施，从而弥补版式设计制度设计不完善的缺陷；在网络时代，创新是版式设计受保护的依据，也是增强版式设计权独立地位的根本途径。❶

二、数据库的保护

信息技术的进步推动了数据库的诞生，数据库由于涉及对相关信息的编排以及对信息的大量提供而为经济带来了高效益，同时也带来了新的商机。大量的数据能够以数字格式创建，或者被转化为数字格式，数据存储方式和计算机网络的结合也伴随着获取和使用数据的能力的提高。信息的存储和传播

---

❶ 马利. 论网络时代我国版式设计权制度的困境与对策 [J]. 中国出版，2012 (10)：56.

能力的提高反过来也促进了信息的生产。但是技术扩大了数据库作用的同时,也伴随着复制数据库的技术能力的提高,只要进入相应的计算机系统,数据库中的大部分数据可以在任何地方迅速得以复制。数据库的所有人对其商业开发数据库的大量投入与搭便车者的迅速便捷形成了巨大的反差。

由于信息生产与现有信息利用之间的密切关系,在对数据库保护之初,由于遵循着版权保护的原则,强调在数据库的编辑中要体现出独创性。如在《伯尔尼公约》、TRIPs 协议和《版权条约》中对数据库采用编辑作品的模式提供版权保护。但是随着数据库投入的增加以及数据库所带来的巨大的经济效益,有些国家立法开始倾向于对数据库所有人的投入的保护有所偏重。目前从各国立法来看,数据库的法律保护有三种保护模式。

第一种,只保护数据库体现出的创造性结构,不保护数据库内容。1994 年 TRIPs 协议作出了对内容的选择或编排构成智力创造(intenectual creations)的数据库给予版权保护的规定,但同时强调,这类保护并不延及数据或材料本身,也不影响数据或材料本身已有的版权。对于非作品型数据库,TRIPs 协议却未提及。美国即采用这种模式保护数据库。由于各种提供附加保护的提案均未被通过,目前美国的数据库保护还是未延及数据本身。

第二种,依据低水平的独创性标准对数据库采用版权保护。这种模式是根据编排数据库的过程中有实质性投入而对数据库实行版权保护,这种保护对数据库中包含的实质性数量的信息予以保护,主要在普通法系国家使用。数据库获得版权保护的依据在于"数据库内容的选择与编排具有独创性"。作为信息集合的数据库，在制作过程中必须对相关的数据、资料乃至作品进行一定的选择与编排，在这一点上与"汇编作品"十分的相似，也正因如此，数据库被认定为汇编作品，从而能够获得版权法的保护。然而，以"选择与编排的独创性为基础对数据库提供版权保护，并未能抓住数据库保护的重点，其原因有两点：一是作为数据、材料及作品的集合，许多被从一个大的信息邻域中排除了。二是许多数据库中的信息数据库对使用者的价值来源于它们的全面性，往往是未加选择却使得数据库最有使用价值，因为选择就意味着某些材料并不适合使用创新性的方式进行编排。❶ 因此，将数据库认定为版权法中的"汇编作品"，仅对其"内容选择和编排的独创性"提供保护并不能真正保护数据库制作者的利益，这也是人们对版权保护诟病的原因。

第三种，对数据库实行著作权和"特别权"（sui generis right）双轨制保护。1996年3月，欧盟公布的《数据库法律保护指令》（96/9/EC）为不具有独创性的数据库创设了一种特殊权利，赋予数据库投资者禁止对数据库的内容进行摘录和再利用的权利。该《指令》规定，若数据库的结构，即内容的选择和编排方面体现了作者的智力创造，则数据库应作为汇编作品受到版权保护；若数据库达不到汇编作品的标准，但数据库制作者对数据库内容的获取、核实和呈现方面进行了实质性的重大投入，则数据库仍可得到特别权的保护。❷ 只是这一特

---

❶ [澳]马克·戴维森. 数据库的法律保护[M]. 朱理，译. 北京：北京大学出版社，2007：179.

❷ W. R. Cornish. 1996 European Community Directive onDatabase Protection[J]. Columbia – VLA Journal Law. & The Arts 1996（21）：8.

别权与著作权相比，期限比较短——自制作完成或向公众提供后 15 年，权利内容有限，仅限于"提取权"和"再利用权"，即有权阻止他人对其数据库的内容的全部或实质部分进行提取（extraction）或再利用（re-utilization）。属于汇编作品的数据库也可以得到特别权的保护，也就是说，作品型数据库不仅享有著作权，还享有提取权和再利用权。

如果要对数据库进行特别保护，必须清晰地区分是对制作数据库的劳动者的保护还是独创性的著作权保护。这就涉及清晰地划定著作权对象和特别保护对象之间的界限并把两者分离开来。如果数据库在内容的"选择或编排"上具备独创性，可以作为"汇编作品"适用著作权法进行保护，此时保护对象应限于独创性程度有关的数据库的结构和编排上，而对于特别保护的对象则应该限于制作数据库所投入的劳动和资源的数量上。这完全符合现有的有关编辑物的国际版权义务，它们只要求保护由于选择和编排而构成智力创作的编辑物，并且这种保护只能授予数据库的创造性方面。这种做法确保不会有两种制度适用于同一客体。著作权保护将被限于数据库的创造性方面，而特别权利则被限于数据库建构中的"额头汗水"。1992 年 11 月 24 日，欧洲经济和社会委员会通过《经济和社会委员会意见》提出，"区分作为智力创造结果的数据库与作为付出额头汗水产生的数据库是否有意义"，该意见明确建议理事会避开作为《指令》基础的法哲学争论，特别是关于独创性的主题。❶ 以内容的"选择或编排"的独创性为标准来保护数据库

---

❶ [澳] 马克·戴维森. 数据库的法律保护 [M]. 朱理, 译. 北京: 北京大学出版社, 2007: 63.

源起于传统的印刷版数据库，因为对于印刷版数据库来讲，随机选取的事实对于用户来讲是没有使用价值的。❶ 对于电子数据库来讲，由于信息的查寻与搜索均是通过计算机软件来进行，数据的选择与编排完全是依据计算机软件的识别算法所进行，无法体现出独创性。因此，以"选择或编排"上的独创性为要件对数据库提供保护已不足以涵盖所有的数据库类型。❷

根据指令要求，成员国于 1998 年 1 月 1 日前按照指令规定完善国内立法。欧盟成员国中的有些国家如德国，将数据库制作中对材料的选择与编排方面体现出独创性的数据库作为汇编作品来保护，而对数据库制作、维护、更新过程中进行大量投入的制作者享有邻接权。数据库特殊权利保护的前提是将数据库认定为是数据库制作者投资与劳动的成果，应当为数据库制作者所有，由此必然的逻辑结果是包括内容在内的数据库整体都应受到保护。事实上，数据库制作者对数据库所包含的数据、材料及作品并不具有垄断性的权利，甚至于一部分内容来自公共领域。由于数据库邻接权的保护对象仍然涉及数据库的实质内容，因而对这方面的立法争议一直没有停止过，尤其受到美国的批评。欧盟和美国之间在数据库保护的进路上存在分歧，而且世界知识产权组织的许多成员国对特别权保护有相当大的抵制。

数据库的制作并未产生作品内容的新的创作，只是将分散的数据、材料和作品进行集合后按照一定的顺序编排，以便人

---

❶ Charles R. Mcmanis. Database Protection in the Digital Information Age [J]. Roger Williams University Law Review, 2001 (7): 22.

❷ 王超政. 论数据库的邻接权保护 [J]. 湖北社会科学, 2011 (11): 158.

们获取信息，其重要作用在于降低人们对获取信息的成本。虽然数据库并不是人们获取信息的唯一来源，但数据库的重要性就在于通过信息的集合使人们可以花费较少的成本就可以全面地寻找到自己需要的信息，尤其是对于在线数据库，其价值更是取决于其内容的全面性以及不加选择性。数据库所有人对数据库的投入是希望从其数据库中获得经济回报，而对数据库资料做出创作的人，却很大程度上从该数据被纳入数据库中获得利益的可能性不大。对数据库所有人给予更大的保护，对数据库制作过程的特定部分赋予特权，包括信息收集、选择和展现的部分，但是它并没有解决与创作信息有关的问题，在允许数据库制作者攫取更大的创作利益时，却牺牲了利用该信息的公共利益。对于数据库的内容而言，其本身仅仅是数据，在没有将信息和知识再次利用产生出新的创作物时，这些数据只有最低限度的价值。因而数据库的意义在于为用户的使用提供方便，而不是对数据的垄断。

虽然以竞争法保护数据库的做法颇有争议，如托马斯·里斯（Thomas Riis）教授认为，若认为数据库的保护不仅针对竞争者之间的行为，而且针对一般使用者行为的话，那么反不正当竞争法对于保护数据库就不是一种合适的选择，因为反不正当竞争解决的只是竞争者之间的关系。❶ 德国在实施《指令》之前，除了通过著作权法保护数据库外，曾适用反不正当竞争法保护数据库。在竞争法保护模式中，直接关注数据库本身在

---

❶ Thomas Riis. Economic Impact of the Protection of Unoriginal Database in Developing Countries and Countries in Translation［EB/OL］. WIPO：http：//www. wipo. int/edocs/mdocs/copyright/en/sccr_ 7/sccr_ 7_ 4. pdf. 2012－08－26.

商业使用中的保护需求,由于其只关注于数据库本身,对数据库的保护突破了版权法中的保护思路,更容易抓住数据库保护的重点。❶

本书也认可未经许可商业性地使用数据库,从而对投资人对数据库的经济投入所产生的利益产生损害应当由反不正当竞争法来保护。虽然目前此种保护模式还存在局限性,我国反不正当竞争法中的有关原则需做出相应的调整,如建立举证责任倒置制度,由数据库所有人证明数据不是信息的唯一来源以确保利益的实现。改造并协调有关不正当竞争的法律已经足以满足出版商的正当需要了。❷

第四节　应对邻接权扩张之趋势

本部分主要针对的是根据邻接权独创性的本质属性不应进入邻接权范畴,但却因为对主体利益的保护需求而采用邻接权制度予以保护的情形。

一、邻接权主体扩张

(一)表演者已经包括了杂技演员,是否包括参加体育比赛的运动员

虽然我国著作权法及其实施条例中将表演的形式扩张得很

---

❶ 王超政. 论数据库的邻接权保护[J]. 湖北社会科学, 2011 (11): 158.

❷ [澳] 马克·戴维森. 数据库的法律保护[M]. 朱理, 译. 北京: 北京大学出版社, 2007: 292.

丰富❶，国际公约中存有争议的即兴演说、杂技、魔术、马戏等在我国均列入受保护的对象，但是对体育运动中的表演仍未给予明确规定。

现代社会的发展，体育的商品化现象日益深入。艺术与体育的融合就是伴随在体育的商品化进程中。与此同时，自然界或人类活动中不属于艺术范畴但具有审美特性的活动成为现代美学的研究焦点。现代高科技的迅猛发展和人类文化艺术水准的提高，不断地给传统的表演艺术带来了新的冲击和影响，表演形式日益走向多元化、多样化。

不过体育是否具有艺术的内在规定性而成为一种艺术类型一直存有争议。20世纪七八十年代，美是不是体育追求的内在目标成为论争的焦点。贝斯特认为，从审美的角度，体育中存在目的性体育运动和审美性体育运动之分。❷ 体育竞赛中运动员的想象空间受到严格的竞赛规则的限制，运动员只能按照长期训练，在肌肉中形成"记忆"的动作完成比赛，以获取比赛的胜利。那种认为运动技术高到一定阶段就是美的观点其实是忽视了美与艺术美的区别。美是一种评价性概念，而艺术美体现的是人们所创造的表现思想的载体。艺术重视形象的塑造，艺术中作者和表演者具有双重身份，想象在艺术创作中具有重要作用，而体育运动中运动员表现的就是其本人，想象在体育中的作用较小。

舞蹈与体育运动的融合代表了文化发展趋向。舞蹈艺术是

---

❶ 2002年《中华人民共和国著作权法实施条例》第5条第1款第4项。

❷ 魏丕勇，于涛. 体育与艺术关系的研究综述［J］.体育文史，2002（1）：10－13。

人类以运动的形式进行交流的方式，是人类内在身体语言的体现，是基于身体之上的表达形式。舞蹈是创编者用以表达思想的载体，必须具有个人风格。如果舞蹈者表演的仅是单纯展现编排的动作，那不是一个合格的舞蹈者。真正的舞蹈者是充满理性和想象，带有一定目的和个人理解来表现动作的。舞蹈的过程就是舞蹈者思想的展现过程，并通过历史形成的人类对肢体语言的认同，从而达到与观众的思想交流。

即使目前学者们对体育与艺术的关系还存有争议，但是体育与艺术之间的融合已经达成共识，不可否认的是，在体育运动中有时会体现出艺术审美的特性，尤其是体育与艺术形式结合的情形下，如花样游泳、体操等运动项目，运动员在运动中无疑展现出自己的风格。

《罗马公约》虽然对表演者的范畴规定得很严格，仅包括表演文学艺术作品的人，但在该公约中，又间接地承认了那些不表演文学艺术作品的人同样是表演者，各成员国有权在自己的国内法中，将公约中提供的保护，扩大适用到那些不表演文学艺术作品的表演者身上，但涉及体育运动表演，大多数国家目前持反对意见。作品必须能够表达出文艺或科学思想，而大多数国家不认为体育竞赛表演中存在思想的表达，体育表演原则上不被看做作品，因而不受著作权法的保护。

本书以为，对于纯竞技的比赛项目，运动技术的难度不是决定其作为邻接权对象的标准，如果其中未体现出动作的设计、编排对独特内涵的表达以及运动员个性的展现，就不应作为邻接权的对象。著作权保护的是思想的表达，并不是动作的编排，很多体育比赛对动作的选择都是经过编排的，但并不意味着经过编排的动作都是有著作权的。在体育比赛中，运动员的目的是为了更好地展现出自己的技能，以赢取比赛。在这个过程中，运动员并不以与观众进行交流为目的。与观众交流是表演不可或缺的条件，所以在体育竞技比赛中运动员的行为不构成表演。但是若是在以展示才艺为目的的表演赛中，运动员的行为可以构成表演，从而享有邻接权。

（二）网络传播者是否享有邻接权

由于网络传播技术的低成本和网络空间容量的无限扩大，越来越多的作品依靠网络进行上传、传输和下载，公众可以在其个人选定的时间和地点获得丰富的作品。网络传播的迅速和便捷使其逐渐成为作品传播的重要途径。随着网络传播技术的普及，作者、表演者、录音制作者或其他任何人都可以通过网络自己传播作品。有利可图的利益空间存在，专门从事网络服务的服务商应运而生。网络服务提供商（Internet Server Provider, ISP）（注：我国规定的ISP服务内容较窄）分为两种，即为用户提供网络接入服务的提供商（Internet Access Provider, IAP）和网络内容提供商（Internet Content Provider, ICP）。其中，IAP是提供网络技术服务的服务商，以经营基本的互联网接入及相关业务为主，包括承接主机出租、分享、托管等业务。ICP则在网络上以网站的形式提供内容及信息供公众浏览、下载等。网络应用服务商（Application Service Provider, ASP）主要为企、事业单位进行信息化建设、开展电子商务，提供各种基于网络的应用服务。除了IAP之外，其他的网络服务商都提供信息传递、发布、储存等信息传播服务。

信息网络传播者（Internet Information Disseminator），泛指在网络上传播信息和提供服务的任何人，这应该包括传播信息的个人以及提供网络信息服务的企业。信息网络传播者是否是新的传播主体而享有邻接权,所持意见者各执一端。

赞成者,依然沿袭传统邻接权的观点,认为信息网络传播者是新的传播技术的产物,网络传播者在作品传播过程中的智力、金钱投入带来了网络传播的繁荣和科学文化的发展,如果否认其合法权益,无疑会直接影响到网络传播者的积极性。[1]反对者则认为,网络传播仅是作品的一种传播方式,并不是作品表达的新形式。网络传播者应具有出版者和音像出版商类似的法律地位,在其传播作品的过程中,其所做的编辑、加工是为了更好地传播作品。由于网络技术的便捷,在互联网上传播作品可以由任何人进行,网络传播者既可以是作者,也可以是录音录像制作者、广播组织。网络传播者的问题可以在传统著作权与邻接权制度的现有框架内解决——著作权人和邻接权人既有的网络传播权即涵盖了这个权利。

网络传播的确是作品传播的一种方式。作为传播方式,它体现出比传统传播方式更为便捷的优势,因而任何略懂网络技术的人都可以在网络上传播作品。网络传播者作为一个主体范畴而言,没有确定的范围,不应当作为著作权法上的主体概念。前述两种意见分歧的根源是仅依据传播主体来判断是否享有权利,没有对行为结果的性质进行区分。

实践中的情形是,网络传播者通过添加对作品的理解,设计、制作网页与设置链接,体现出具有个性的选择和独特的风格,对于这种独创性的表达,符合邻接权的确认条件,理应享有邻接权。此种情形不足以为现有的网络传播权涵盖,需要在

---

[1] 黄云平,黄昊.论"网络传播者权"的正当性基础 [J].法制与社会,2009 (6):94.

立法中予以明确,但此时邻接权的权利对象不涉及链接的具体内容,且不得侵犯著作权人的权利。

二、邻接权权利内容甄别

(一)录音录像制品制作者的广播权与(机械)表演权

在对录音录像制作者权利的对象界定以后,录音录像制作者的权利具有正当性。录音录像制作者因为在制品中的创造性表达而享有权利。权利对象的属性对财产权的权利内容具有决定作用,基于邻接权权利对象和著作权权利对象的同质性,这样看来,录音录像制品制作者的广播权与(机械)表演权比照著作权的权利内容就是应有的权利。有文章认为,我国录音制品制作者要求《著作权法》进一步保护其广播权和表演权,是在其行业正面临着盗版和传播方式变化带来的双重挑战下的另谋出路的表现。[1] 在我国,盗版和非法网络传播对不仅是录音录像制品制作者,还包括作者、表演者、广播组织等其他权利主体利益造成严重损害,这的确是执法过程中需要解决的重要问题。盗版和非法网络传播问题不是仅靠立法就能解决的。另外,对于立法不能解决的问题,不意味着不要完善立法,如果是权利人应有之权利,无论这种利益目前立法是否能够实现,经过法律确认成为权利是第一步。

从录音制品邻接权扩张的历史来看,录制者的权利一直限于复制和发行,而出租权、信息网络传播权的出现,是因为对原有发行市场的影响。而广播权或表演权一般不会对录音制品

---

[1] 张伟君. 维权还是扩权:这是个问题——再论录音制作者的广播权和表演权[J]. 电子知识产权, 2008(1): 59.

的销售造成不利影响，相反通过广播电台、电视台、餐厅等播放对录音制品的销售还起到了一定的宣传作用。在国际公约层面，全面、系统规定录制者权利的国际公约主要有《罗马公约》、《保护录音制品制作者防止未经许可复制其录音制品公约》、WCT 与 WPPT。其中与录音制品的广播和表演相关的，集中于《罗马公约》和 WPPT。尽管罗马公约和 WPPT 允许各成员国国内立法超越这种权利保护水平，为录音制作者规定一项专有权，但这种情况并非总是如此。《罗马公约》第 1 条规定，本公约下的保护不触动和不影响文学艺术作品的著作权保护。因而，本公约的条款不能做有害这种保护的解释。假如将获得报酬请求权上升为专有权，很可能会出现广播电台、电视台在使用附载音乐作品的录音制品时，需获得多个专有权的许可。如果作者许可而录音制作者拒绝时，就会出现保护邻接权人而不保护作者的情形，这与《罗马公约》第 1 条的宗旨是不符的。因此，录音制作者针对广播只能获得事后的报酬权，而非排他性的专有权。至于录音制作者的表演权，国际公约则未涉及。

　　针对录音制品的表演与广播的相关规定，基本是限定于报酬请求权，而非国内唱片业、协会、学者所主张的排他性专有权利。但报酬请求权在行使方式上是被动的，只有在电台、电视台等广播或者表演之后，录制者才能行使。

　　录制者希望扩权，其实际上在于增加一项新的经济来源以缓解产业在发展过程中的衰退。但我国现有著作权法的规定足以满足录制者的此项需求。我国 2010 年修改的《著作权法》第 44 条规定："广播电台、电视台播放已经出版的录音制品，可以不经著作权人许可，但应当支付报酬。当事人另有约定的除外。具体办法由国务院规定。"第46条规定:"电视台播放他人的电影作品和以类似摄制电影的方法创作的作品、录像制品,应当取得制片者或者录像制作者许可,并支付报酬;播放他人的录像制品,还应当取得著作权人许可,并支付报酬。"2010年公布施行的《广播电台电视台播放录音制品支付报酬暂行办法》使著作权人的广播权成为现实。广播电台、电视台对音乐作品的获取,需要借助录音制品这一有形载体。因此,即使在现行著作权法未规定报酬请求权,录音制作者如果将音乐作品及表演者对音乐作品的表演制作成录音制品,可通过与音乐作品的著作权人、表演者之间签订内部协议获得报酬。同时,广播电台、电视台使用音乐作品,录音制品制作者可从著作权人所获利益中提取一定比例的报酬。借助我国著作权集体管理组织的平台,录制者的经济利益得以实现。在录制者扩大的经济需求与现行著作权法的制度设计之间能实现平衡时,我们应当加强对真正危机源——盗版的遏制,实现现有权利的效果。❶

(二)广播组织是否享有"网络广播权"

本部分所讨论的"网络广播权"是广播组织权的一项权能,与网络传播者的权利相区分。所谓网络广播(webcasting),是指"借助于计算机网络,通过无线或有线方式同时播送,使公众能接收声音,或图像,或图像和声音,或图像和声

---

❶ 倪朱亮. 认真对待权利——录音制作者权利扩张之批判 [J]. 广西政法管理干部学院学报,2012 (2):96.

音表现物"。❶

《广播条约草案》在制定过程中,由于受到雅虎等网络公司通过美国数字媒体协会的施压,2003年美国政府提出建议将《广播条约草案》的保护延伸到网络广播。对于这一"网络广播与普通广播具有功能上的相似性,将网络广播并入广播形式中"的建议,大多数发展中国家表示反对。最终世界知识产权组织版权及相关权常设委员会认为该问题过于复杂,决定对网络传播的保护问题制定专门的法律来解决。

网络广播从广播的方式上讲,应该属于一种新的广播手段。但网络广播问题不仅是技术问题,由于广播组织的特殊性,是否保护网络广播权,不仅涉及广播组织的利益,而且对社会公众和其他著作权与邻接权主体利益产生影响。因而对于广播组织的网络广播权,产生了一些担心:认为网络广播过强的保护会严重妨碍社会公众学习知识和了解信息,而发达国家利用网络技术优势将控制发展中国家的网络发展,对发展中国家本国经济和文化的发展带来不利影响。其他的权利主体则担心广播组织通过网络广播权限制社会公众使用广播中的作品,从而缩小作品的传播范围,减少了作品的社会影响力,对其利益造成损害。

实际上,这些担心产生的根源是对广播组织所享有的权利没有准确的定位,对广播组织所享有的权利的对象属性未作区分。

第一,对于广播组织而言,其对自己制作的构成作品的节

---

❶ See WIPO. WIPO Agrees to Push Back Date For Conference on Broadcast Treaty. in World Intellectual Property Report. Nov., 2005 (19).

目享有著作权。广播组织作为著作权人，对于这样的作品，应当享有网络广播权。享有著作权权利内容的同时，还要受到著作权的限制，对于合理使用、法定许可使用以及强制许可的情形同样适用于广播组织。这种做法将不会影响社会公众对信息的获取。

第二，对于广播组织为传播作品而做的安排、设计享有邻接权的情形，其所保护的对象是整个传播作品的设计结构，而不及于该传播的作品本身。作品的网络传播权是由著作权人享有的，是否可以网络传播，是著作权人的选择，需要经过著作权人的授权许可。如果盗播行为仅涉及广播部分作品，那么盗播行为侵犯的是著作权人的权利，而广播组织仅享有依据合同约定的权利。

第三，对不构成作品的表达，如新闻、实事报道等而进行的广播，鉴于广播组织的媒介作用，这些传播的内容应是合理使用的范畴。

我国2006年颁布的《信息网络传播权保护条例》中明确规定了著作权人、表演者和录音录像制作者的网络传播权，未对广播组织规定享有此项权利。有学者认为，网络广播的保护问题不单是技术问题，而是一个利益之争的问题。现阶段如果在发展中国家设定网络广播权，无疑会妨碍社会公众获取信息，实属不明智。❶ 广播组织的网络传播权能否与我国的实践相结合，涉及多种因素，如国家的经济技术发展状况、政府公共政策体系以及社会环境、文化条件，等等。在完善广播组织

---

❶ 胡开忠.信息技术发展与广播组织权利保护制度的重塑[J].法学研究，2007（5）：97.

权制度时，我们必须深入地全面地了解我国的国情，在此基础上借鉴国外先进的立法经验尤其是与我国社会经济文化发展状况类似的发展中国家或新型工业化国家的知识产权立法经验，最终才有可能建立合理的广播组织权保护制度。❶

本书以为，对广播组织设置网络传播权产生争议的根源所在仍是对广播组织权权利对象的界定不清，如果广播组织权利还如同现今这般的含糊，那么网络广播权的设置与否将会永远停留在利益衡量的层面，陷入永久的争论。

第五节　本章小结

"法律概念既然是为一定之目的，而经由设计将一定之特征组合或排列在一起，将一定之价值储存于其中，以构成一个当为的命题"。❷按照约定俗成的说法，我们在著作权法律体系中仍可以沿用"邻接权"的称谓。概念只要适得其所，就是有用的，实际也是必需的。若非坚持它们的反面，就必定破坏法律体系的匀称性，其各部分的相互关系以及逻辑上的协调性。这些都是深深蕴含在法律及法哲学之中的价值。❸但是邻接权应有权利的规定性，不应成为不具有独创性的对象跻身于著作权体系中进行利益分配的兜底性权利。因而对邻接权的权利范围要进行甄别。

---

❶ 胡开忠.完善我国广播组织权制度的原则[J].政法论丛，2011（5）：76－77.

❷ 黄茂荣.法学方法与现代民法[M].北京：法律出版社，2007：66.

❸ [美]本杰明·N.卡多左.法律的成长、法律科学的悖论[M].董炯，等，译.北京：中国法制出版社，2003：130.

根据利益衡量的需要，利益可以分为"个体利益""群体利益""制度利益"和"社会公共利益"，而且个体利益、群体利益、制度利益和社会公共利益形成一个有机的层次结构。[1]在这个结构中存在由具体到抽象的演变过程，同时也存在包含和被包含的关系。社会公共利益是一切利益衡量的支点和根基，社会公共利益的维护是判断利益衡量准确与否的标准。如何判断法律制度的利益是否值得维护呢？维护社会公共利益是其出发点和最高标准。

按照上述标准，原有的邻接权制度理应打破，新的邻接权制度的设置应遵循权利确认的内在约束和外在限制原则，追随著作权制度的价值取向，以维护个人利益与公共利益平衡为最高的目标。

我国邻接权权利保护的内容是否一定应以国际条约为依据或者与发达国家采取相同的标准。在我国，一些学者热衷于介绍引进发达国家的立法及知识产权国际公约的规定，强调与国际公约看齐，并以发达国家的知识产权立法作为评判我国知识产权制度好坏的标准，而对发展中国家或有代表性的新型工业化国家的相关制度建设状况关注不够，更少考虑我国的国情，以至于在某些方面我国知识产权的立法规则已经超越了大多数国家。[2]这在一定程度上损害了我国的利益。彼得·达沃豪斯教授也认为没有理由相信与发达国家采取相同的标准会有助于发展中国家的经济发展。发达国家正在推行的知识产权一体化

---

[1] 梁上上. 利益的层次结构与利益衡量的展开——兼评加藤一郎的利益衡量论[J]. 法学研究, 2002 (1): 56.

[2] 韩玉雄, 李怀祖. 关于中国知识产权保护水平的定量分析[J]. 科学研究, 2005 (3).

进程，将对发展中国家的经济增长带来威胁。对中国这样的发展中国家而言，能以最低的成本将知识迅速传播出去的规则就是最好的规则。❶ 邻接权权利内容的设置，根据我国的国情，应以有助于我国知识传播所蕴含的经济和社会的功效为目的合理安排。我们在参与制定有关国际公约时，应当充分代表发展中国家的利益，使条约的规定符合广大发展中国家的经济发展需要。不过，由于我们已加入了一些知识产权保护的国际公约，我们不可能只按照自认为合理的水平保护知识产权而不考虑经济全球化的要求以及相应国际条约的要求，否则就将使我们在竞争中"自我淘汰"出局。❷ 所以，为了参与国际竞争，适应全球化和国际化的进程，我们应当在遵循国际公约最低保护标准的基础上提出自己的合理诉求。❸

---

❶ ［澳］彼得·达沃豪斯，约翰·布雷斯韦特. 信息封建主义［M］.刘雪涛，译. 北京：知识产权出版社，2005：2.

❷ 郑成思. 信息、知识产权与中国知识产权战略若干问题［J］.环球法律评论，2006（3）.

❸ 胡开忠. 完善我国广播组织权制度的原则［J］.政法论丛，2011（5）：77.

第七章 结 语

目前多数人研究邻接权的立足点在于强调邻接权与著作权的差异，目的在于确定二者在质的规定性上的不同。著作权是作者的权利，而将邻接权视为传播者权在我国几乎成为通说，成为针对邻接权具体制度建构直接引证的前提。本书所进行的论证，并没有否定邻接权利益分配的工具属性，也不是通过否定功利主义的利益考量，将邻接权直接建立在自然法哲学的基础上，设立符合自然法的权利观。本书一直秉持着这样一种信念——邻接权概念处于著作权法律体系中，基于邻接权与著作权的密切关系，邻接权对象应当具有与著作权对象共通的属性。这是一种体系化思维在作祟。但是拨开邻接权纷繁复杂的权利内容的遮挡，将视角转向邻接权权利对象之后，本书找到了论证的切入点。

通过对著作权与邻接权产生与演变过程的比对，探究二者历史演变中存在的共性：

针对现代版权理念和邻接权产生的历史梳理对比，发现技术在权利产生过程中起到推动作用，但却不是根本的原因。因为曾经同样是新技术，印刷技术的出现及发展，先是带来出版商的垄断性权利，最终却产生出现代版权观念。在著作权体系下，作者的利益通过著作权来保护，出版者的利益只能依靠专有出版权来进行维护，而这种专有出版权与邻接权存在本质的不同。

邻接权与著作权一样，在其发展过程中，同样充斥了利益集团的运作、斡旋和说服，国际公约或者多边条约的作用不容小视。这种影响一方面导致各国的版权立法趋向一致，另一方面导致各国国内立法逐渐偏离理性的轨道。在经济上处于劣势的国家只有跟随国际立法的形势，才能取得在国际贸易中平等的交易地位，但是这样的"跟风立法"，损害的是本国法律的权威性。邻接权主体因为对作品的传播在著作权制度中有所贡献而取得利益分配资格的理由，在对版权产生的正当性论证中灰飞烟灭。有观点承认邻接权人的创造性劳动，但始终坚持邻接权人的创造性劳动不同于作者的创造性劳动，存在质的区别。而这种质的差别究竟体现在何处，仍未给出具体的解释。经过本书的分析，邻接权与著作权对象在独创性上没有质的差别，甚至不能笼统地说邻接权对象的独创性一定比著作权对象独创性低，因为这种独创性的量的差异在著作权对象范畴内同样存在。

权利是经由法律确认、分配并予以实现的利益的工具。在版权产生之初，出版商也存在客观性利益。这种收益是出版商复制并出售作品复制件的应得之利益，在版权出现之前，作者和出版商同样进行利益分配——只不过原有的分配方式是由出版商占主导地位，向作者支付作品的报酬。对大多数作者而言，没有与出版商公平谈判的机会。但经过版权的正当性论证，出版商获取利益的来源出自作者的创作性成果，即作品，作者基于创作事实应当对作品享有权利，版权由此产生，作者获得了在作品流通中的主导地位。出版商若想出版作品的复制件需要经过作者许可，并支付报酬。但是究竟哪一种分配方式能够实现公平正义？在法律上，利益分配的公平正义不一定体现为获得利益的多少。法律不能保证每一个人获得的利益是同样多的,极致的公平实际上是最大的不公平。实践中,出版商在经济上仍占有主导地位,其获取的利益也许比作者多得多,但是著作权的正义体现在,对具有独创性的表达产生的利益进行保护。作者确立了作品利益分配中的主体地位,所有作品的使用和流通都是作者行使权利的表现。法律只保证利益获取的依据是正当的,但是利益获取的多与少不是法律所能解决的。那种认为著作权制度下仍然无法保证作者获取最大的利益,从而主张著作权制度无用论,实在是一种理想主义的表现——期望通过著作权制度让作者成为利益的最大享有者,无疑是超越了著作权制度的功能。不可否认的是,在邻接权形成的历程中关注更多的仍然是利益。邻接权制度的出现,本身即是现实利益平衡的结果。如表演者权的产生,来源于大量以演出为职业的人的利益需求——他们需要独立于作品权利人之外,单独地主张自己的人身和财产权利。客观的"利益"与"法力"成为权利概念的构成要素。如果偏离著作权的正当性而出现在著作权制度中的权利,则必将动摇著作权制度的根基。邻接权的设立还是应回归自然理性,关注表演者、录音制品制作者、广播组织的行为结果本身。邻接权概念应是在符合著作权价值体系下的选择,邻接权概念应该统一在作品的创作与使用中,保证利益公平分配从而有利于在整体性经济文化发展的价值判断下建构。

现有揭示邻接权本质的观点均以利益分配的需要为前提,着重从邻接权不同于著作权的角度,支撑邻接权的理论基础也不能自圆其说。本书在运用法律关系分析的方法,发现邻接权与著作权之间的关系并不清晰。从主体和权利内容的角度看,并不能够明确地区分二者。方法最终回归到影响权利性质的权利对象属性分析。著作权的对象属性是独创性的表达，通过对邻接权基本范畴的分析，邻接权对象找到了与著作权对象共同的上位概念，即表达。但是现有邻接权对象中既含有独创性的表达，又含有非独创性的表达。如何界定邻接权对象的真正属性？体系化思维的运用，为避免在著作权体系中出现矛盾，本书将邻接权对象最终确定为"独创性的表达"。邻接权与著作权在对象属性上具有统一性。但是传统邻接权概念因此而分崩离析。

　　邻接权与著作权具有相同的权利属性规定，意味着邻接权权利确认标准的重新确立。对邻接权的确认，首先，改变过去以主体为划分标准的观念，表演者、录音制品制作者或广播组织不一定是邻接权的主体，要根据其行为结果进行界定。其次，权利的确认根源于权利对象属性的甄别。对邻接权权利对象所涉及的表达是否具有独创性进行区分。如果不区分独创性，而笼统地赋予与著作权相近的权利，必将带来著作权体系利益分配的不公平。除了上述内在约束之外，邻接权还需要受到外在限制，以考虑到对公共利益的维护。在这样的权利确认机理下，现有邻接权的范畴应重新检视，同时应对邻接权扩张趋势下的权益保护做出理性判断。如果仅因为投入了劳动或资本而被认为具备给予与著作权相近似的权利保护的条件，则是打破了著作权体系权利确认的正当性基础，势必将著作权体系下的权利沦为投资人的奴仆。

　　季卫东教授认为，制度的正当化绝不能简单地与"合理化"画等号。正当化可经分为演绎的（先例的）和归纳的（衡平的）两种方式，无论哪一种场合，最后总是需要根据一定的普遍原则进行理由论证。理由论证的正当化要求首尾连贯、内在统一以及各种原理之间的归结性协调，因此，法的正当化领域不囿于法律规范本身，而与法的一般性价值范畴乃至社会常识有密切的关系。归结性协调要求统筹兼顾各种不同的价值取向，这要求具体决定者进行实践性决断，从而也就留有主管解释和自由裁量的余地。所以制度正当化必须不断接受实践理性的检验，只能逐步建设和改进。❶ 笔者在对邻接权现有文献的研习过程中曾发现过这样的情结："担心对邻接权体系这样一种解构是否会演变成一种后现代的反科学情绪，为了不致这种情形的出现，尝试了许多方案以在被拆迁的废墟上补偿安置这些现存的规范，但这些方案都没有完美地达到普遍性要求，因而选择了一种自认为较传统邻接权制度更符合体系化思考方法的方案。"❷ 很多文章对邻接权对象独创性表达的属性表示认可，但是对已经融入邻接权体系中因投入劳动或资本而赋予邻接权保护的对象仍无可奈何。"事实上，'邻接权'是一个非常模糊概念，它的包容范围可以很广，将非独创性表达纳入'邻接权制度'在法律语言上不存在任何障碍。"如若邻接权是一个可以将独创性表达及非独创性表达都可以纳入保护的权利，那么邻接权概念本身内涵外延的不确定性如何能让邻接权以"绝对权"自居，面对邻接权权利的扩张，一切法律设置的原则都将苍白无力。"制度的正当性取决于'正当化的过

---

❶ 季卫东. "应然"与"实然"的制度性结合（代译序）[M]//尼尔·麦考密克，奥塔·魏因贝格尔. 制度法论. 周叶谦，译. 北京：中国政法大学出版社，2004：5.

❷ 孙友容. 论邻接权 [D]. 北京：中国人民大学硕士学位论文，2010：40.

程'以及为了达到这样目的而运用的'说服的技术'"。❶ 本书对邻接权概念的终结，面临着对已经保护的非独创性表达利益如何退出邻接权权利体系的质疑，笔者也深感无助。自然法论与法律的实证主义争论由来已久，制度的"应然"与"实然"始终在相互碰撞，然而正是在这种不断的碰撞中制度的"应然"与"实然"得以在制度层次上结合。笔者坚信，邻接权对象独创性表达的属性界定，是向着著作权制度的严谨和体系化进程迈进了一步，也更加牢固著作权制度的根基。

当我们尽力总结法律中静止与运动的对立及其解决途径时，占上风的看法必定是寻求一种妥协，一种调适，强调法律原理的相对性，务实地不断变换方式以适应预期的目标。❷ 对邻接权概念的解构是笔者追求制度"应然"状态的一种尝试，而著作权制度乃至整个知识产权制度的体系化仍然是一个长期的任务。

---

❶ 季卫东."应然"与"实然"的制度性结合（代译序）[M]//尼尔·麦考密克，奥塔·魏因贝格尔.制度法论.周叶谦，译.北京：中国政法大学出版社，2004：6.

❷ [美]本杰明·N.卡多左.法律的成长、法律科学的悖论 [M].董炯，等，译.北京：中国法制出版社，2003：144.

参考文献

一、著作类

[1] 施文高. 比较著作权法制 [M]. 台北：三民书局，1993.

[2] [美] E. 博登海默. 法理学：法哲学与法律方法 [M]. 邓正来，译. 北京：中国政法大学出版社，2004.

[3] 史文清，梅慎实. 著作权诸问题研究 [M]. 上海：复旦大学出版社，1992.

[4] 金海军. 知识产权私权论 [M]. 北京：中国人民大学出版社，2004.

[5] 黄茂荣. 法学方法与现代民法 [M]. 北京：法律出版社，2007.

[6] 刘春田，主编. 知识产权法 [M]. 北京：中国人民大学出版社，2007.

[7] 李琛. 论知识产权法的体系化 [M]. 北京：北京大学出版社，2005.

[8] 王迁. 著作权法学 [M]. 北京：北京大学出版社，2007.

[9] 刘春田，主编. 中国知识产权评论 [M]. 第一卷. 北京：商务印书馆，2002.

[10] 刘红婴. 法律语言学 [M]. 北京：北京大学出版社，2003.

[11] 刘春田，主编.中国知识产权评论［M］.第二卷.北京：商务印书馆，2006.

[12] ［西］德利娅·利普希克.著作权及邻接权［M］.联合国，译.北京：中国对外翻译出版公司，2000.

[13] 张玉敏.私法的理论反思与制度重构［M］.北京：中国检察出版社，2006.

[14] 许中缘.体系化的民法与法学方法［M］.北京：法律出版社，2007.

[15] 冯晓青.知识产权法利益平衡论［M］.北京：中国政法大学出版社，2006.

[16] 世界知识产权组织，编.著作权与邻接权法律术语汇编［M］.刘波林，译.北京：北京大学出版社，2007.

[17] 王海明.新伦理学北［M］.北京：商务印书馆，2006.

[18] 李明德，等.欧盟知识产权法［M］.北京：法律出版社，2010.

[19] ［西］D.奈尔肯，J.菲斯特，编.法律移植与法律文化［M］.高鸿钧，等，译.北京：清华大学出版社，2006.

[20] ［澳］彼得·达沃豪斯，约翰·布雷斯韦特.信息封建主义［M］.刘雪涛，译.北京：知识产权出版社，2005.

[21] 黄伟力.法律逻辑学新论［M］.上海：上海交通大学出版社，2005.

[22] ［澳］彭道敦，李雪菁.普通法视角下的知识产权［M］.谢琳，译.北京：法律出版社，2010.

[23] ［美］理查德·派普斯.财产论［M］.蒋琳琦，译.北京：经济科学出版社，2003.

[24] 汤宗舜.著作权法原理［M］.北京：知识产权出版

社，2005.

[25] 李雨峰，等，编.著作权法［M］.厦门：厦门大学出版社，2006.

[26] 李扬，等.知识产权基础理论和前沿问题［M］.北京：法律出版社，2004.

[27] ［美］莱斯格.思想的未来［M］.李旭，译.北京：中信出版社，2004.

[28] ［澳］马克·戴维森.数据库的法律保护［M］.朱理，译.北京：北京大学出版社，2007.

[29] 眭鸿明.权利确认与民法机理［M］.北京：法律出版社，2003.

[30] 刘春茂，主编.知识产权原理［M］.北京：知识产权出版社，2002.

[31] 孙雷.邻接权研究［M］.北京：中国民主法制出版社，2009.

[32] ［法］罗兰·巴尔特.符号学原理［M］.李幼蒸，译.北京：生活·读书·新知三联书店，1988.

[33] Stephen M. Stewart. International Copyright and Neighboring Rights［M］. Butterworth & Co.（Publishers）Ltd.，1989（Second edition）.

[34] 郭庆光.传播学教程［M］.北京：中国人民大学出版社，1999.

[35] 张冬梅.艺术产业化的历程反思与理论诠释［M］.北京：中国社会科学出版社，2008.

[36] 陈鸣，编著.艺术传播——心灵之谜［M］.上海：上海交通大学出版社，2003.

[37] 王德胜.扩张与危机——当代审美文化理论及其批评话题[M].北京：中国社会科学出版社，1996.

[38] M.雷炳德.著作权法[M].张恩民，译.北京：法律出版社，2005.

[39] 易建雄.技术发展与版权扩张[M].北京：法律出版社，2009.

[40] [美]约翰·菲尼斯.自然法与自然权利[M].董娇娇，扬奕，梁晓晖，译.北京：中国政法大学出版社，2005.

[41] [美]威廉·M.兰德斯，理查德·A.波斯纳.知识产权法的经济结构[M].金海军，译.北京：北京大学出版社，2005.

[42] 潘洪林.科技理性与价值理性[M].北京：中央编译出版社，2007.

[43] Julie E. Cohen, Lydia Pallas Loren, Ruth L. Okediji. Copyright in a Global Information Economy [M]. Aspen Law & Business Publishers, 2002.

[44] 李明德.美国知识产权法[M].北京：法律出版社，2003.

[45] 王传丽，主编.国际贸易法——国际知识产权法[M].北京：中国政法大学出版社，2003.

[46] [美]苏珊·K.塞尔.私权、公法——知识产权的全球化[M].董刚，周超，译.北京：中国人民大学出版社，2008.

[47] 袁晓爽.表演者权利研究[M].北京：法律出版社，2010.

[48] [德]约格·莱茵伯特，[德]西尔克·冯·莱温斯基.

WIPO因特网条约评注［M］.万勇,相靖,译.北京:中国人民大学出版社,2008.

[49]［美］保罗·戈斯汀.著作权之道［M］.金海军,译.北京:北京大学出版社,2008.

[50] Pierre Chesnais, Copyright Law France. In: Stephen M. Stewart, International Copyright and Neighboring Rrights［M］. Butterworth & Co. (Publishers) Ltd., 1989 (Second edtion).

[51] Lionel Bently and Brand Sherman. Intellectual Property Law［M］. New York, Oxford University Press, 2001.

[52] 本杰明·卡多佐.司法过程的性质［M］.苏力,译.北京:商务印书馆,1998.

[53] 朱虎.法律关系与私法体系——以萨维尼为中心的研究［M］.北京:中国法制出版社,2010.

[54]［澳］彼得·德霍斯.知识财产法哲学［M］.周林,译.北京:商务印书馆,2008.

[55]［美］伊恩·P.瓦特.小说的兴起［M］.高原,董红钧,译.北京:生活·读书·新知三联书店,1992.

[56]［英］爱德华·扬格.试论独创性作品［M］.袁可嘉,译.北京:人民文学出版社,1998.

[57]［澳］布拉德·谢尔曼,［英］莱昂内尔·本特利.现代知识产权法的演进:英国的历程(1760~1911)［M］.金海军,译.北京:北京大学出版社,2006.

[58] 李永军,主编.民事权利体系研究［M］.北京:中国政法大学出版社,2008.

[59] 舒国滢.法哲学:立场与方法［M］.北京:北京大学出

版社，2010.

[60] [美] 罗思科·庞德.通过法律的社会控制法律的任务 [M].沈宗灵，董世忠，译.北京：商务印书馆，1984.

[61] [德] 迪特尔·梅迪库斯.德国民法总论 [M].邵建东，译.北京：法律出版社，2001.

[62] [葡] 叶士朋.欧洲法学史导论 [M].吕平义，苏健，译.北京：中国政法大学出版社，1998.

[63] [荷] 格老秀斯.战争与和平法 [M].何勤华，等，译.上海：上海人民出版社，2005.

[64] [德] 康德.法的形而上学原理——权利的科学 [M].沈叔平，译.北京：商务印书馆，1991.

[65] [德] 黑格尔.法哲学原理 [M].范扬，张企泰，译.北京：商务印书馆，1961.

[66] Sukhninder Panesar, General Principles of Property Law [M]. Pearson Education Limited, 2001.

[67] 王铁雄.美国财产法的自然法基础 [M].沈阳：辽宁大学出版社，2007.

[68] 李道军.法的应然与实然 [M].济南：山东人民出版社，2001.

[69] [英] 洛克.政府论 [M].下篇.叶启芳，瞿菊农，译.北京：商务印书馆，1981.

[70] [澳] 凯尔森.法与国家的一般理论 [M].沈宗灵，译.北京：中国大百科全书出版社，1996.

[71] 苏力.制度是如何形成的 [M].北京：北京大学出版社，2007.

[72] [美] 伯纳德·施瓦茨.美国法律史 [M].王军，等，

译.北京：中国政法大学出版社，1990.

[73]［英］罗素.西方哲学史（上卷）［M］.何兆武，李约瑟，译.北京：商务印书馆，1991.

[74]［法］米歇尔·福柯.作者是什么？逢真，译.朱立元主编.二十世纪西方文论选［M］.下卷.北京：高等教育出版社，2000.

[75]［英］卡尔·波普尔.客观的知识［M］.舒伟光，卓如飞，梁永新，等，译.北京：中国美术学院出版社，2003.

[76] 李雨峰.枪口下的法律：中国版权史研究［M］.北京：知识产权出版社，2006.

[77] 胡开忠，等.广播组织权保护研究［M］.武汉：华中科技大学出版社，2011.

[78] 彭诚信.主体性与私权制度研究——以财产、契约的历史考察为基础［M］.北京：中国人民大学出版社，2005.

[79] 尼尔·麦考密克，奥塔·魏因贝格尔.制度法论［M］.周叶谦，译.北京：中国政法大学出版社，2004.

[80]［美］本杰明·N.卡多左.法律的成长、法律科学的悖论［M］.董炯，等，译.北京：中国法制出版社，2003.

[81]［匈］米哈依·菲彻尔.版权法与因特网［M］.郭寿康，万勇，相靖，译.北京：中国大百科全书出版社，2009.

二、论文类

[1] 王全福.大陆法系理性主义认识倾向——浅谈理性主义对大陆法系的影响［J］.太原大学学报，2003（9）.

[2] 陈炯.论法律术语的规范化［J］.广东外语外贸大学学报，

2004（1）.

[3] 龚益.关于术语本质的思考［J］.中国科技术语，2007（5）.

[4] 李颖怡.大陆与台湾著作权法之比较研究［J］.中山大学学报，1999（2）.

[5] 何崇润，编译.法国著作权法简介［J］.现代法学，1992（6）.

[6] 宋慧献.版权生态与版权创新初论［J］.知识产权，2006（6）.

[7] 梁上上.利益的层次结构与利益衡量的展开——兼评加藤一郎的利益衡量论［J］.法学研究，2002（1）.

[8] 黄武双，王涛.海峡两岸邻接权之比较［C］//王立民，黄武双，主编.知识产权法研究.第1卷/北京：北京大学出版社，2004（12）.

[9] 胡开忠.信息技术发展与广播组织权利保护制度的重塑［J］.法学研究，2007（5）.

[10] 魏丕勇，于涛.体育与艺术关系的研究综述［J］.体育文史，2002（1）.

[11] 李湘云.著作邻接权制度之研究——以日本著作邻接权制度为研究经纬［D］.台北：中原大学财经法律学系硕士学位论文，2004.

[12] 刘惠荣，于岚.邻接权的限制与保护［J］.中国海洋大学学报（社会科学版），2005（3）.

[13] 黄海峰.知识产权的表达与实践：版权、专利与商标的历史考察［D］.中国人民大学博士学位论文，2006.

[14] 金渝林.论作品的独创性［J］.法学研究，1995（4）.

[15] 韦之.欧盟著作权保护期指令评介［J］.中外法学，1999（6）.

[16] 徐暄.知识产权的正当性——论知识产权法中的对价与衡平［J］.中国社会科学，2000（4）.

[17] 杨述兴.作品独创性判断之主观主义标准［J］.电子知识产权，2007（7）.

[18] 杨述兴.作品独创性判断之客观主义标准［J］.电子知识产权，2007（8）.

[19] 姜颖.作品独创性判定标准的比较研究［J］.知识产权（双月刊），2004（3）.

[20] 费安玲.著作权的权利体系研究——以原始性利益人为主线的理论探讨［D］.中国政法大学博士学位论文，2004.

[21] 姜朋.穿马褂与扒马褂：对法律关系主客体理论的初步反思［J］.法制与社会发展（双月刊），2005（3）.

[22] 金渝林.论版权理论中的作品概念［C］.中国知识产权评论.第一卷.商务印书馆，2002（10）.

[23] 徐伟.邻接权制度研究——以历史和公共政策为主要研究视角［D］.中国人民大学博士学位论文，2007.

[24] 宋慧献.利益分配的工具：版权制度的价值论分析［J］.知识产权，2009（3）.

[25] 黄云平，黄昊.论"网络传播者权"的正当性基础［J］.法制与社会，2009（6）.

[26] 张伟君.维权还是扩权：这是个问题——再论录音制作者的广播权和表演权［J］.电子知识产权，2008（1）.

[27] 刘春田.知识产权制度是创造者获取经济独立的权利宪

章[J].知识产权，2010（6）.

[28] 陈育新.邻接权辨析与治理[D].暨南大学硕士学位论文，2008.

[29] 梁上上.利益的层次结构与利益衡量的展开——兼评加藤一郎的利益衡量论[J].法学研究，2002（1）.

[30] 袁泳.数字技术与版权领域的利益平衡论[J].南京大学学报.哲学·人文·社会科学版，1999（3）.

[31] 李扬.再评洛克财产权劳动理论——兼与易继明博士商榷[J].现代法学，2004（2）.

[32] 李雨锋.从特权到私权：近代版权制度的产生[J].重庆大学学报.社会科学版，2008（14）.

[33] 冯晓青.著作权法中思想与表达二分法之合并原则及其实证分析[J].法学论坛，2009（2）.

[34] 谢怀栻.论民事权利体系[J].法学研究，1996（2）.

[35] 梅慎实.试论著作邻接权的法律保护[J].中国法学，1989（4）.

[36] 宋慧献，周艳敏.因应时代的著作权管理制度的革新——日本《著作权与邻接权管理事务法》评介[J].知识产权，2002（5）.

[37] 肖尤丹.知识产权制度价值的主体性反思[J].知识产权，2009（5）.

[38] 王迁.著作权法借鉴国际条约与国外立法：问题与对策[J].中国法学，2012（3）.

[39] [德]米夏埃尔·马廷内克，佛力德里希·卡尔·冯·萨维尼[J]//田士永，译.郑永流，主编.法哲学与法社会学论丛，北京大学出版社，2006.

[40] 王迁.《视听表演北京条约》视野下的著作权法修订[J].法商研究,2012(6).

[41] 韩玉雄,李怀祖.关于中国知识产权保护水平的定量分析[J].科学研究,2005(3).

[42] 郑成思.信息、知识产权与中国知识产权战略若干问题[J].环球法律评论,2006(3).

[43] 胡开忠.完善我国广播组织权制度的原则[J].政法论丛,2011(5).

[44] 马利.论网络时代我国版式设计权制度的困境与对策[J].中国出版,2012(10).

[45] 吕炳斌.著作权法关于版式设计权的修改研究[J].中国出版,2012(10).

[46] 焦和平.论我国《著作权法》上信息网络传播权的完善——以"非交互式"网络传播行为侵权认定为视角[J].法律科学,2009(6).

[47] 张伟君.从网络广播看我国网络传播著作权的完善[J].理论探讨,2009(12).

[48] 侯秀如.数字时代表演者广播权和信息网络传播权之重构[J].法制博览,2012(1).

[49] 相靖.广播组织权利限制制度探讨[J].知识产权,2010(5).

[50] 倪朱亮.认真对待权利——录音制作者权利扩张之批判[J].广西政法管理干部学院学报,2012(2).

后　记

感谢我的导师刘春田教授对本书写作的导引。刘老师授课，向来是平实的话语、貌似闲聊的杂谈，却往往一针见血地直指现象的本质。每每在自我惭愧之余，细细品味其中蕴含的做人的睿智和超脱。对于学生做学问，刘老师从未有具体的要求，但他自己对知识产权事业的热爱与执著，引导我朝着更高的方向去努力。

感谢郭寿康教授、郭禾教授、李琛副教授、金海军副教授、张勇凡副教授、姚欢庆副教授等对本书写作提出宝贵建议。

感谢我的父母。论文写作过程中，遭遇母亲重病住院，面对漫长的治疗过程母亲深深自责，父亲揽下陪护的重担，让我备感完成博士论文写作的重要责任。

感谢我的丈夫季桥龙、女儿季嘉琪，他们是我忠实而坚强的后盾，支撑我完成本书写作。

《IP 知识产权专题研究书系》书目

1. 专利侵权行为研究　　　　　　　　　　安雪梅
2. 中国区际知识产权制度比较与协调　　　杨德明
3. 生物技术的知识产权保护　　　　　　　刘银良
4. 计算机软件的知识产权保护　　　　　　应　明　孙　彦
5. 知识产权制度与经济增长关系的
   实证研究　　　　　　　　　　　　　　许春明
6. 专利信托研究　　　　　　　　　　　　袁晓东
7. 金融商业方法专利策略研究　　　　　　张玉蓉
8. 知识产权保护战略研究　　　　　　　　曹新明　梅术文
9. 网络服务提供商版权责任研究　　　　　陈明涛
10. 传统知识法律保护研究　　　　　　　　周　方
11. 商业方法专利研究　　　　　　　　　　陈　健
12. 专利维持制度及实证研究　　　　　　　乔永忠
13. 著作权合理使用制度研究
    ——应对数字网络环境挑战　　　　　　于　玉
14. 知识产权协调保护研究　　　　　　　　刘　平
15. 网络著作权研究　　　　　　　　　　　杨小兰
16. 中美知识产权行政法律保护制度比较
    ——捷康公司主动参加美国337行政程序案　朱淑娣
17. 美国形象权法律制度研究　　　　　　　马　波